Strasser
Warum überhaupt Religion?

Peter Strasser

WARUM ÜBERHAUPT RELIGION?

Der Gott, der Richard Dawkins schuf

Wilhelm Fink

Bibliografische Information der Deutschen Nationalbibliothek

Die Deutsche Nationalbibliothek verzeichnet diese Publikation in der Deutschen Nationalbibliografie; detaillierte bibliografische Daten sind im Internet über http://dnb.d-nb.de abrufbar.

Alle Rechte, auch die des auszugsweisen Nachdrucks, der fotomechanischen Wiedergabe und der Übersetzung, vorbehalten. Dies betrifft auch die Vervielfältigung und Übertragung einzelner Textabschnitte, Zeichnungen oder Bilder durch alle Verfahren wie Speicherung und Übertragung auf Papier, Transparente, Filme, Bänder, Platten und andere Medien, soweit es nicht §§ 53 und 54 URG ausdrücklich gestatten.

© 2008 Wilhelm Fink Verlag, München
Wilhelm Fink GmbH & Co. Verlags-KG, Jühenplatz 1,
D-33098 Paderborn

Internet: www.fink.de

Einbandgestaltung: Evelyn Ziegler, München
Herstellung: Ferdinand Schöningh GmbH & Co KG, Paderborn

ISBN 978-3-7705-4612-1

INHALT

Einleitung: Dawkins' Pointe
(Warum überhaupt Religion?) 7

A. DAWKINS' WAHN
   (VARIANTEN DES ATHEISMUS) 10
I. *Atheismus chic!* 11
II. *Nobody is perfect* 26
III. *Mein Kant* 39

B. DAWKINS' KONTEXT
   (NEUE GÖTTER, ALTE GEHIRNE) 48
IV. *Die Restauration Gottes* 49
V. *Die Evolution Gottes* 66

C. DAWKINS' ANGST
   (EINE ART RELIGIÖSER HALTUNG) 80
VI. *Ontologische Überschüsse* 81
VII. *Der Gott, der Dawkins schuf* 93

Epilog: Dawkins' Mensch
(Das Blinzeln der Brights) 107

Bibliographische Notiz 112

Einleitung: Dawkins' Pointe
(Warum überhaupt Religion?)

Eines kommt zum anderen. Das Folgende ist, denke ich, am besten charakterisierbar als eine Streitschrift aus Anlass verschiedener Gelegenheiten.[1] Ihre Themen und Argumente wurden innerhalb eines bestimmten Zeitraums zu verschiedenen Anlässen entwickelt, namentlich auf dem Österreichischen Wissenschaftstag 2004 mit dem Generalthema „Weltbilder in den Wissenschaften", den Salzburger Hochschulwochen 2005 über das „Kommen Gottes", dem von Konrad Paul Liessmann organisierten Philosophicum Lech 2007, das der „Gretchenfrage" gewidmet war, sowie in diversen kleineren Publikationen zu Kant, Dupré, Dawkins.

Aber es ist das Buch des Letzteren, *The God Delusion*, „Der Gotteswahn", gewesen, das den Anstoß gab, und zwar weniger, weil es sich dabei um ein so hervorragendes, intellektuell oder sonst wie herausforderndes Werk handeln würde – obwohl, es gibt bei Dawkins stets auch intellektuell und sonst wie herausfordernde Passagen. Nein, Dawkins' Buch veranlasste meine Streitschrift vor allem aus zwei Gründen: Erstens des fulminanten Erfolgs wegen, der nach langer Zeit wieder einmal einem Werk beschieden war, das den guten alten Brachialatheismus propagiert; und zweitens aufgrund des Typischen in der Polemik, die Dawkins' Argumentation antreibt und beflügelt. Jenes Typische lässt sich durch die Frage ausdrücken: „Warum überhaupt Religion?", wobei der entscheidende Teil der Frage im Wörtchen „überhaupt" zu stecken scheint.

„Warum überhaupt?" suggeriert, dass die üblichen Zwecke, Aufgaben, Funktionen, die man der Religion traditionell zugeschrieben hat,

---

1 Ich mag das Wort „Streitschrift" eigentlich nicht. Denn was darunter fällt, hat gewöhnlich etwas Hahnenkampfartiges an sich, im schlimmeren Fall etwas unfreiwillig Komisches, so in der Art und Weise, wie sich die Ochsenfrösche aufblähen, ich weiß nicht, aus welchen Gründen genau. Die geneigte Leserschaft möge daher dieses Wort – Streitschrift –, das ich im vorliegenden Fall dem nobleren Begriff „Essay" vorziehe, gütigst verstehen, wie es gemeint ist, nämlich als eine ernste Sache unter Gelächter. Denn wie wir sehen werden: Dummheit ist kein Privileg einer Seite allein, jedenfalls, wie ich hoffe, nicht exklusiv meiner eigenen (womit ich anzudeuten versuche, dass ich nicht ausschließen kann, an diesem Privileg teilzuhaben).

sich mittlerweile als nicht mehr akzeptabel oder praktikabel erwiesen haben, zumindest für Menschen, die über die Entstehungsbedingungen und den Wahrheitsgehalt religiöser Haltungen hinreichend Bescheid wissen. Es ist also der *Erfolg*, den das *Typische* des Dawkinsschen Atheismus erringen konnte, der mich dazu brachte, gerade Richard Dawkins zu meinem Helden zu machen, zugegebenermaßen zu meinem negativen Helden.

Obwohl der Name „Dawkins" nur in einem Teil des Folgenden ausdrücklich auftaucht, wird ihm thematisch die Rolle des Widersachers zugemessen. Doch wie der Widersacher in der Bibel, die Dawkins von ganzem Herzen verabscheut, so hat er doch seinerseits eine höchst nützliche Funktion. Er ist die Geißel der religiösen Dummheit, von der, wie es scheint, die Welt gerade wieder einmal nicht genug bekommen kann. Die Phänomene, die ich unter dem Titel einer „Restauration Gottes" ansprechen werde, schreien geradezu nach einem Religionshammer, wie ihn Dawkins mit Lust und Laune schwingt.

Dennoch steht bei mir der Name „Dawkins" in den Passagen, wo Dawkins' Atheismus gemeint ist, für ein grundlegendes Missverständnis, die Religionen und besonders dasjenige betreffend, was ich „religiöse Haltung" oder, vorsichtiger, „eine Art religiöser Haltung" nenne. Das Missverständnis hat damit zu tun, *die Rechtfertigung der religiösen Haltung darin zu suchen, dass sie zu etwas nütze sei.*

Nun leugnen Atheisten wie Dawkins keineswegs, dass Religionen „zu etwas nütze" waren oder es unter geistig Minderbemittelten, Fanatikern und Leichtgläubigen noch immer sind. Ja mehr noch: Da die religiösen Gehalte, soweit kognitiv fassbar, allesamt auf Illusionen basieren – der Annahme der Existenz übernatürlicher Wesen, Kräfte etc. –, kann ihr menschheitsgeschichtliches Überdauern nicht darin gründen, dass sie wahr sind. Es muss vielmehr darin gründen, dass die religiösen Gehalte auf die eine oder andere Weise, direkt oder indirekt, entweder selbst einen Nutzen haben oder jedenfalls mit genetisch ererbten Merkmalen und Fähigkeiten zusammenhängen, die ihrerseits im Sinne der Evolutionstheorie nützlich, das heißt: überlebensdienlich sind. Die aus solchen Überlegungen folgende Pointe – nennen wir sie Dawkins' Pointe – lautet nun aber, dass, ist die Glaubensillusion erst einmal *als* Illusion begriffen und durchschaut, dann ihr Nutzen abfällt und schließlich überhaupt erlischt. Denn der Nutzen der Glaubensillusion – falls sie überhaupt einen hat und worin immer er bestehen mag – hängt langfristig unablösbar an dem Umstand, dass man die Illusion gerade nicht als solche durchschaut, sondern sie im Gegenteil für wahr hält.

Dawkins' Pointe führt also zu dem Ergebnis, dass auf die Frage „Warum überhaupt Religion?" geantwortet werden sollte: „Eben!" Demgegenüber möchte ich im Folgenden zeigen, dass Dawkins' Pointe mit Bezug auf das, was ich „religiöse Haltung" nennen werde, ins Leere verpufft. Und ich werde zu zeigen versuchen, dass es, systematisch und entwicklungslogisch, diese Haltung ist, die den Kern eines jeden ernstzunehmenden religiösen Glaubens bildet.[2] Die religiöse Haltung, so möchte ich behaupten, ist etwas, was zu unserem Weltbezug primär und unhintergehbar dazugehört – dazugehört wie das Amen zum Gebet. Diese Haltung aufzugeben, bedeutet, unseren Weltbezug überhaupt zu verlieren.

Man kann also meines Erachtens nicht sinnvoll fragen, wozu die religiöse Haltung „gut" sei. Oder anders formuliert: Mit Bezug auf die religiöse Haltung klingt die Frage ebenso sinnvoll, als wenn man fragen wollte, wozu es gut sein soll, dass wir manche Dinge für wirklich und manche Behauptungen für wahr halten.

Darauf mag es verschiedene richtige Antworten geben, und eine davon mag sich der evolutionären Betrachtung unserer Fähigkeit, etwas für wirklich oder wahr zu halten, verdanken. Aber allen diesen Antworten liegt *eine* Antwort zugrunde, die fundamental ist: *Dass* wir manche Dinge für wirklich und manche Behauptungen für wahr halten, das eben ist die Art und Weise, wie wir uns zur Welt *als* Welt in Beziehung setzen. Und zu fragen, wozu *das* gut ist, wäre gleichbedeutend mit der Frage, wozu es gut sei, dass es eine Welt gibt, zu der wir uns in Beziehung setzen können. Was ist, das ist. Mehr ist da nicht und mehr braucht da auch nicht zu sein.

---

2 Ich sage „eines jeden ernstzunehmenden religiösen Glaubens", womit ich einräume, dass es Glaubensphänomene und Afterreligionen gibt, die nicht ernst zu nehmen sind. Ich tue das, weil es so ist. Die Frage jedoch, wie sich das Ernstzunehmende im Glaubensbereich von seinem Gegenteil abgrenzen lässt, ist ohne „zirkuläre" Bezugnahme auf das, was ich „religiöse Haltung" nennen werde, nicht zu beantworten. Daher bitte ich an dieser Stelle um Geduld.

A. DAWKINS' WAHN
(VARIANTEN DES ATHEISMUS)

Genie und Wahnsinn liegen eng beisammen. Das war der Grund, warum der Vortrag mit einem Eklat endete. Nachdem der weltberühmte Gehirnforscher bewiesen hatte, dass es weder ein Ich noch einen freien Willen gibt – „das alles, meine Damen und Herren, sind Illusionen, die unser Gehirn erzeugt" –, bewies er außerdem, dass es keine Außenwelt gibt.

„Dass der Himmel blau ist, die Rose duftet, die Glocke läutet, der Boden unter unseren Füßen nicht schwankt: das alles sind Konstrukte unseres Gehirns, nichts weiter. Die Frage, was da draußen sei, jenseits unseres Gehirns, hat keinen Sinn, ist falsch gestellt, Ergebnis einer Täuschung, die unser Gehirn erzeugt – erzeugt, um was zu optimieren, meine Damen und Herren? Jawohl, die Überlebenschancen unserer Gene, deren Überlebensmaschinen wir sind."

An dieser Stelle steht im Vortragstext des weltberühmten Gehirnforschers, und es steht schon seit Jahrzehnten an dieser Stelle, am Rand, penibel notiert: Pause machen, Kopf heben, Blick voll ins Publikum! Warum? Weil jetzt die Pointe kommt; sie lautet: *Da die Außenwelt ein Konstrukt unseres Gehirns ist und unser Gehirn ein Teil der Außenwelt ist, ist unser Gehirn ein Konstrukt unseres Gehirns. Es ist daher seinerseits* – Pause, ausatmen, einatmen, Blick halten! – *eine Illusion.* „Ich nenne das", sagt der weltberühmte Gehirnforscher, „die gehirnneurologische Kränkung." Der Mensch werde lernen müssen, sie mit Heiterkeit zu tragen.

„Meine Damen und Herren, die moderne Gehirnforschung beweist eindeutig, dass alles eine Illusion ist, die Außenwelt, die Innenwelt, die Gene, das Gehirn und natürlich auch Sie, meine Damen und Herren. Die moderne Gehirnforschung beweist ferner – feinsinnig lächeln! –, dass die Religion eine Geisteskrankheit und Gott eine Phantasmagorie ist. Das Einzige, was existiert – Lippen spitzen, Augenbrauen anheben, Schultern hochziehen! –, bin ich selbst, wie ich mir gerade eben jetzt erscheine. Niemand anderes. Nur ich, ich, ich. Ich nenne das den gehirnneurologischen Solipsismus."

Noch hatte der Applaus nicht eingesetzt, als die Türen des überfüllten Vortragssaales, der vor Erregung dampfte, aufsprangen. Ein Trupp Polizisten, gefolgt von einer Emergency Unit MHCAs (Mental Health Care Assistants), zerrte den weltberühmten Gehirnforscher, der gar keiner war, *vom Podium. Man steckte den um sich Schlagenden, der immerfort „Ich! Ich! Ich!" schrie, in eine Zwangsjacke und schleppte ihn hinaus. Bald wurde bekannt, dass es sich bei dem Arretierten um den vollkommen wahnsinnigen Zwillingsbruder des weltberühmten Gehirnforschers handelte. Letzterer war ohnmächtig in seinem Hotelzimmer aufgefunden worden, nachdem er, in Rage wegen seines wieder einmal verschwundenen Vortragstexts, die Nacht mit Wein, Weib und Gesang durchgebracht hatte.*

Da der vollkommen wahnsinnige Zwillingsbruder sich für den weltberühmten Gehirnforscher hielt, versuchte er, dessen Vortragstermine so oft wie möglich wahrzunehmen. Als die herbeigeeilte Weltpresse den weltberühmten Gehirnforscher fragte, was er von den Ausführungen seines vollkommen wahnsinnigen Zwillingsbruders halte, antwortete jener unwirsch: „Was wollen Sie, es war mein Text, den er vorgetragen hat!"

„Genie und Wahnsinn", aus: *Die vorletzten Dinge,* 2006

I. Atheismus chic!

Schon die alten Griechen wussten, dass, wenn die Kühe Götter hätten, dann die Götter Euter hätten. Oder so ähnlich.[3] Was folgt daraus? Dass die Menschen das unbezwingbare Verlangen haben, die Götter nach ihrem eigenen Bild zu schaffen. Menschen schaffen Menschengötter. Die von den Menschen geschaffenen Götter schaffen dann die Menschen. Man darf vermuten, sie tun das nicht zuletzt, damit die Menschen die Götter schaffen. So entsteht Religion. Aber wozu das Ganze? Wozu überhaupt Religion? Weil die Götter das unbezwingbare Verlangen haben, von den Menschen verehrt zu werden. Angebetet! Den ganzen lieben Tag lang verehrt und angebetet, sooft und solange es geht. Es geht nicht immer, die Menschen, die unterm Joch der Götter leben, die sie, die Menschen, geschaffen haben, haben ja auch noch anderes zu tun. Sie wollen überleben, sie müssen überleben. Deshalb müssen sie ihren Acker bestellen, das Vieh versorgen, Kinder machen, kurz: nach dem Rechten sehen. Warum? Natürlich, damit sie die Götter, die sie geschaffen haben, weiterhin an-

---

3 Von Xenophanes aus Kolophon, geboren um 570 vor Christus, ist überliefert, dass er etwa gesagt haben soll: „Wenn Kühe, Pferde oder Löwen Hände hätten und damit malen könnten, dann würden die Pferde pferdeähnliche, die Kühe kuhähnliche Götterbilder malen und solche Gestalten schaffen, wie sie selber haben."

beten können. Nichts scheint ja schlimmer für einen Gott zu sein, als von den Menschen, die ihn nach ihrem Bild geschaffen haben, nicht angebetet zu werden. Und am allerschlimmsten ist das für den einen Gott, der im Eingottglauben im Himmel residiert wie ein orientalischer Despot. Er braucht nicht nur Anbetung, er hat es auch nötig, dass man an ihn *glaubt*. Bloße Anbetung, penible Beachtung des Rituals: zuwenig! Glaube, darauf kommt es an. Wer an IHN glaubt, wird selig, wer nicht, kommt in die Hölle.

Aus dieser Geschichte lassen sich zwei Folgerungen ziehen: Erstens, die Menschen müssen verrückt sein! Mag sein, dass, falls die Kühe Götter hätten, diese dann Euter hätten, aber die Kühe sind nicht verrückt. Sie brauchen keine Götter, denn sie haben selber Euter. Zweitens: Die Menschen müssen verrückt sein, weil sie nicht leben können, ohne sich in den Göttern, die sie selbst geschaffen haben, selbst anzubeten! Woher kommt solch unbezwingbarer Anbetungsdrang? Darauf gibt es nur eine Antwort: Die Menschen halten sich selbst für Götter, namentlich die Gottähnlichen unter ihnen, die großen Herrscher, Sieger, Völkermörder, die Könige und Kaiser und Päpste. Das aber kommt denen, die mühselig und beladen sind, unter Schmerzen gebären, leben, sterben und tot sind, also im Grunde allen, dann doch ein wenig verrückt vor, mehr oder weniger.

„Sind wir verrückt?", fragen daher die Menschen die Priester. Nein, sagen die schlauen Priester und schaffen den Verrückten Götter, Götter für die Paläste und Götter für die Hütten, Götter, die selber verrückt sind, weil sie sich selber für Götter halten, für allmächtig und unsterblich und anbetungswürdig. Macht nichts, im Gegenteil, sagen die schlauen Priester, so muss es sein. Denn nur so, nur aus der Verrücktheit der Allmacht heraus, wird all die unerklärliche Ordnung, die zum Verrücktwerden sinnlos aus dem Gewimmel der Fakten, aus den Tohuwabohus des Durcheinanderkugelnden und einfach so Daliegenden majestätisch hervortritt, *bedeutungsvoll, voller Bedeutung, ein unausschöpfbares Füllhorn unaussprechbarer Versprechen.*

Verstanden hat das noch keiner, der nicht verrückt ist, aber in allem, was sich zeigt und auftut und regt, webt der Wille der Allmacht, amen! „Und", sagen die schlauen Priester, „die Liebe nicht zu vergessen ..." Gott ist die Liebe. Da fallen die Ungeliebten des Lebens auf die Knie, die großen und kleinen Hiobe, und heben ihre ausgemergelten Arme gegen den Himmel und heben an, ihre Schwären zu lobpreisen: In unserem Gestank webt die Liebe, amen!

***

An dieser Stelle bricht der Atheist seine Erzählung ab. Genug ist genug, wer nicht hören will, muss eben glauben. Wer aber hört und nicht glaubt, der wird sich als freier Geist unter freien Geistern fragen: Woher die Verrücktheit des Glaubens, der Religion, woher die Anhänglichkeit an ein schlecht erfundenes, schlecht durchdachtes, skandalös devot behandeltes Gespenst namens Gott? Woher? Und die Antwort, die der Atheist heute mit der Bescheidenheit, Sachlichkeit, Vorläufigkeit des freien wissenschaftlichen Geistes im Dienste der Wahrheit und nichts als der Wahrheit allen, die sie hören, und besonders denen, die sie nicht hören wollen, auf der Basis der hochevidenten Daten der hochempirischen Gehirnwissenschaft zu geben vermag – diese Antwort lautet: *Aus dem Gehirn*. Die Verrücktheit des Glaubens kommt aus dem Gehirn, und zwar mit der Zeit. Denn die Evolution, die es gibt, während es Gott nicht gibt, braucht Zeit, viel, sehr viel Zeit. Aber schließlich, nach Jahrmillionen, findet sie in ihrer blinden Weisheit – „Weisheit" in Anführungszeichen –, nach vielen, sehr vielen Fehlversuchen die optimale Lösung für das Überlebensproblem eines Gens. Das Überlebensproblem eines Gens besteht darin, nicht nur zu überleben, sondern rascher in mehr Duplikaten zu überleben als alle seine Rivalen – „Rivalen" in Anführungszeichen. Dabei kann es schon einmal vorkommen, dass die Evolution über ihr Ziel hinausschießt, oder? Die Verrücktheit der Religion ist demnach die absichtslose Nebenfolge der Lösung eines Überlebensproblems, das in der richtigen Unterscheidung zwischen Dingen liegt, die Wille, Absicht, Bewusstsein haben, namentlich wir, die sprichwörtliche Krone der Schöpfung – „Schöpfung" in Anführungszeichen –, gegenüber solchen Dingen, die bloß da sind unter der Herrschaft der Naturgesetze, den Dingen der toten Natur – „tot" mit oder ohne Anführungszeichen. Religion, das heißt Verlebendigung des Toten, Verabsichtlichung des Absichtslosen, Bevölkerung der leeren Räume, die da sind, nichts weiter.

***

Ich schlage vor, wir unterbrechen an dieser Stelle unsererseits den Atheisten. Wir, das sind diejenigen, die noch zögern: die neuen Altmodischen, die in der Vorstellung aufgewachsen sind, *der Atheismus sei etwas Altmodisches*. In dem Weltwinkel, in dem ich mit heißem Bemühen Philosophie studierte (Graz, Steiermark, Österreich, Europa, Welt, Universum), war es die längste Zeit üblich *(state of the metaphysical art)*, Agnostiker zu sein, auch wenn das gleichbedeutend damit war, an nichts Außerweltliches oder Überirdisches, an nichts

Transzendentes zu glauben, schon gar nicht an den Gott der Monotheisten. Atheisten wiederum waren, das hatte uns die neuere Geschichte gelehrt, häufig dumme Philosophen, Bauklötzchenmaterialisten, Widerspiegelungsideologen („der geistige Überbau spiegelt die materielle Basis" etc.), Physiologizisten des Geistes, die sich das Bewusstsein als einen Ausfluss oder eine Ausdünstung der Materie dachten, darunter die Religion und den Gottesglauben als einen die Gehirnmasse opiatartig vernebelnden Dampf, hervorgerufen durch die Dauerknechtung der ihrer selbst entfremdeten Gehirninhaber im Rahmen ausbeuterischer Klassenkämpfe. Wer wollte da unter den Intelligenteren schon Atheist sein?

Und die Existenzialisten, Sartre? War *der* nicht todschick? Das hing natürlich davon ab, ob man die ganze Richtung, ihre Atmosphäre, philosophisch und persönlich goutierte und was man daraus für sein eigenes Denken und Fühlen zu machen verstand. Die Situation war ja keineswegs eindeutig. Hinter Jean Paul Sartres *Das Sein und das Nichts* (*L'être et le néant*, 1942) stand Martin Heideggers *Sein und Zeit* (1927), irgendwie jedenfalls, vom Bruch her mit dem, was bisher neuzeitliche Philosophie hieß, diese Mischung aus Aufklärung, Humanismus und rationaler Metaphysik, aber jedenfalls nicht vom Weltgefühl der Denker her. Die beiden waren wie Feuer und Wasser. Heideggers Denken tief und weit nach hinten, es musste gleich vorsokratisch sein, damit es nicht seinsblind war; im Gegenwärtigen jedoch war Heideggers Stimmung der Scholle, dem Wald, dem Feldweg zugetan, mit einer pastoral-pastorenhaften Attitüde, der Mensch als „Hirte des Seins". Irgendwie webte die Sonntagspredigt in den Begriffen. Sartre hingegen: Ein Denker der heißgelaufenen Moderne, des Individuums in seiner geradezu in sich rasenden Vereinzelung, seiner unbedingten Freiheit, seiner Verdammtheit, sich selbst zu binden, und der daraus folgenden Absurdität seiner Existenz. Jeder muss sich entscheiden, und jeder entscheidet ohne wirklich tragenden Grund. Gott ist für Sartre ein Skandal, Gottes absolute Liebe wäre bloß dazu angetan, die Freiheit des Einzelnen zu vernichten, ihn zum Liebesobjekt zu degradieren. Aber bei Sartre fühlte man sich ein wenig wie schon bei Nietzsche: Man sprach über den Tod Gottes, als ob man einer ekstatischen Offenbarung beiwohnte, einer Epiphanie der Abwesenheit, die regelrecht schwindeln machte. In der Gottlosigkeit gläubig dem Nichts hingegeben bei Sartre, und bei Heidegger auf der Kanzel der Sorge dem Sein des Seienden nachsinnend ...

Existiert Gott? Darauf lautete unsere Grazer Standardantwort Nr. 1: Keine Ahnung. Die Standardantwort Nr. 2 aber lautete: Sinnlose Frage.

Wir waren hierorts, in unserem Weltwinkel – das nur nebenbei – dumm genug, Kant zu verachten, dafür waren wir Utilitaristen, Anhänger der Glücksethik, die Strengeren unter uns mehr von der Art der Kollektivnutzenmaximierer auf der Basis allgemeiner Regeln, die leichteren Geister eher dem Handlungshedonismus zugeneigt: Glück hier und jetzt! Kant hingegen war der preußische Kasernenhofphilosoph – „Du sollst, also kannst du!" –, ein Fall für die Psychoanalyse: analerotisch fixiert. Heute hingegen will keiner mehr Utilitarist sein, was mich wundert, weil nämlich alle immerfort glücklich sein wollen. Dafür steht Kant in höchstem Ansehen, sein Kategorischer Imperativ („Handle nur nach derjenigen Maxime, durch die du zugleich wollen kannst, dass sie ein allgemeines Gesetz werde"[4]), der vordem als rigoristischer Formalismus abgetan wurde, scheint nun der Angelpunkt einer jeden zeitgemäßen Moral zu sein. *Tempora mutantur.*

Wir waren also nach außen hin Agnostiker. Da wir Philosophen waren, hatten wir selbstverständlich kein mythologisches Gottesbild. Oder wie es einer meiner Lehrer, Ernst Topitsch, ein Nachfahre des legendären neopositivistischen Wiener Kreises rund um Ernst Mach, gelegentlich in heiterer Runde formulierte: Der Katholizismus war ein „verschrumpeltes Gummikrokodil" – seine Dogmen, seine Drohungen, seine Erbsündenlehre und sein Höllenschlund konnten uns nicht mehr schrecken. Wenn wir an Gott dachten, dann als an etwas – an was denn sonst? – Nichtempirisches, Transzendentes, etwas außerhalb von Raum und Zeit. An das „Höhere" Wittgensteins vielleicht, von dem der Autor des *Tractatus logico-philosophicus* geschrieben hatte: „*Wie* die Welt ist, ist für das Höhere vollkommen gleichgültig. Gott offenbart sich nicht *in* der Welt." (Satz 6.432) Na schön, dann können wir, falls es IHN gibt, von ihm auch nichts wissen. *Falls!* Eben darüber wollten die Vorsichtigen unter uns kein endgültiges Urteil fällen.

Vorsicht in metaphysischen Dingen war indessen nicht jedermanns Sache. Schließlich waren wir hier, im Grazer Studierwinkel, der sprachanalytischen Philosophie verpflichtet; und der modernen Wissenschaftstheorie; und dem Kritischen Rationalismus. Was die Sinnlosigkeit einer jeden Metaphysik betraf, so schwankten wir zwischen Rudolf Carnap und Karl Popper. Für Popper waren metaphysische Aussagen, zum Beispiel jene, dass es eine vom menschlichen Bewusstsein unabhängige Realität gibt, oder jene andere, wonach ein oder mehrere Götter existieren, verständlich, aber nicht überprüfbar.

---

4 *Kritik der reinen Vernunft* (KrV), BA 52.

Carnap machte da weniger Federlesens: Alles sinnlos! Für ihn war das Realitätsproblem ein Scheinproblem, da es keine Möglichkeit gab, die Frage, ob die Realität an sich existiere oder bloß ein Konstrukt unserer Sinne sei, wissenschaftlich zu entscheiden. Und was die Frage der Existenz Gottes betraf, so hielt er erstens den Satz „Gott existiert" für unsinnig und zweitens das Wort „Gott" für bedeutungsleer.[5]

Doch der Agnostizismus, wie ich ihn praktisch kennenlernte, war weniger eine philosophische Position als vielmehr die Weigerung, eine solche einzunehmen. „Ich weiß nicht, ob Gott existiert." „Es ist sinnlos, über die Existenz Gottes Aussagen zu machen." Dachte man sich diese Sätze von Sokrates oder Wittgenstein gesprochen, dann waren sie Ausdruck einer hochgespannten geistigen Lage. Das Sokratische *Scio nescio*, „Ich weiß, dass ich nichts weiß", war ja nicht das Ergebnis einer philosophischen Denkfaulheit, sondern im Gegenteil: Der Platonische Sokrates hatte die Tiefen des Metaphysischen ausgelotet, und sein Einbekenntnis, nichts zu wissen, war Ausdruck eines tiefen inneren Verständnisses davon, was es heißt, die merkwürdige Erfahrung gemacht zu haben, an die Grenzen des eigenen Denkens gestoßen zu sein.

Der Mann, dem das Orakel von Delphi beschieden haben soll, er sei der Weiseste, nahm das so auf, wie es das Menschsein an sich gestattet: Die menschenmögliche Weisheit ist stets und notwendig die eines endlichen Wesens, nicht die eines Gottes. Daher ist dem Menschen die Wahrheit im absoluten Sinne des Wortes, die Wahrheit des Metaphysischen, die Wahrheit über Anfang und Ende von allem, über Gott und Götter, versagt. Noch der weiseste Mensch bleibt im Vorraum des göttlichen Wissens, auch ihm ist das Sanctum der Welt, Schau und Begriff ihres innersten Wesens, verschlossen. Auch er ist ein Endlicher.

Das erinnert, über die Tiefe der Zeiten hinweg, an Wittgensteins Ansicht, dass es sich bei dem, worüber sich nichts sagen lässt, um das Wichtigste im Leben handelt. Für den *Tractatus* hatte diese Ansicht die – oberflächlich gesehen – paradoxe Folge, dass Wittgenstein über die „Grenzen der Welt" als über eben jenes Mystische schrieb, worüber sich nichts sagen lässt, sodass er am Schluss gezwungen war, seine eigenen Sätze für unsinnig zu erklären. Man müsse diese Sätze

---

5 „Gott existiert" hat demnach nur dann einen Sinn, wenn das Individuum, auf das sich das Wort „Gott" bezieht, zumindest mit *einem* Merkmal ausgestattet ist, von dem sich prinzipiell vorstellen ließe, dass es durch die Erfahrung überprüft werden könnte. Sofern Gott als eine metaphysische Wesenheit gedacht wird, gibt es jedoch kein solches Merkmal.

wie eine Leiter benutzen, sagt Wittgenstein am Ende der Abhandlung. Nachdem man auf ihnen – durch sie – über sie hinausgestiegen sei, müsse man die Leiter wegwerfen: erst dann werde man die Welt im richtigen Lichte sehen.

Man *kann* so etwas Agnostizismus nennen. Aber die *Haltung,* die sich dahinter verbirgt, hat kaum etwas gemein mit jener anderen, die besagt, da gäbe es gar nichts hinaufzusteigen, denn entweder sei die Existenz des Himmels nicht überprüfbar oder das Wort „Himmel" überhaupt sinnlos, *punktum!* Es ist dieses Punktum, um das sich hier alles dreht. Denn es markiert eine Selbstbescheidung, die nicht Ausdruck wahrer Geistigkeit, sondern deren Verkümmerung bedeutet. Sobald der Pfeil des Geistes nicht mehr aufs Absolute zielt, also über das Menschenmögliche hinaus, kann nicht mehr davon die Rede sein, dass der Mensch sein Wesen durch Philosophie verkörpert. Und auf Dauer ist er ohnehin unfähig, die Verkörperung seines Wesens zu unterdrücken.

Ein äußeres Zeichen für die Unfähigkeit zur Selbstbescheidung in metaphysischen Belangen ist die Tatsache, dass sich der denkende Mensch durch die Versicherung, er könne an dieser oder jener Stelle nicht weiterdenken, und falls er es doch tue, verstünde er sich selbst nicht mehr, noch nie hat abhalten lassen. Wie wir sehen werden, hat die *Haltlosigkeit des Denkens* hier nichts mit Irrationalität oder Unbeherrschtheit zu tun, sondern damit, dass in allen menschlichen Erfahrungen semantische/ontologische/metaphysische Überschüsse[6] enthalten sind, deren Nichtanerkennung zur Folge hätte, Begriff und Erfahrung *der Welt selbst* zu zerstören. Das ist für das religiöse Denken von größter Bedeutung, weil es, wie wir ebenfalls sehen werden, aus diesen Überschüssen erst *erwächst.*

Nicht, dass wir nicht begreifen könnten, dass es uns ab einem bestimmen Punkt verwehrt sein mag, etwas über Gott oder die Welt als Schöpfung auszusagen. Aber dann ist der in religiösen Fragen entscheidende Punkt für uns doch der, *auf welche Weise* wir als endliche

---

6 Ich rede von „semantischen/ontologischen/metaphysischen" Überschüssen, weil ich mich auf keines dieser Wörter versteife, wohl aber weiß, dass es manchen Philosophen auf der Heidegger-Derrida-Linie wichtig scheint, darauf herumzureiten, dass das eine oder andere Wort „überholt" ist, namentlich „metaphysisch", aber auch „ontologisch". Ich schlage also vor, semantischen Überschuss so zu definieren: „Etwas meint mehr, als es bedeutet"; dies verschärfend, metaphysischen Überschuss dann so: „Etwas bedeutet mehr, als es meinen kann"; sodass sich für den ontologischen Überschuss etwa ergibt: „Das, was bedeutet wird, ist das unausdrückbare Ideal dessen, was gemeint ist." Und statt „unausdrückbares Ideal" mag, in Verneigung vor Kant, „regulative Idee" stehen: Gott, Freiheit, Seele.

Wesen an unsere Grenzen des Denkens und Erfahrens stoßen. Wir wollen, bildhaft gesprochen, zumindest etwas über die Grenze selbst wissen, wenn wir schon nicht ins Innere des Heiligtums eindringen dürfen. Ein großer Teil des reflektierten religiösen Denkens ist von dieser unermüdlichen Bemühung getragen: wissend, dass wir nichts wissen können, dennoch die Grenzen unseres Verstehens und Unverstehens gegenüber dem Absoluten, dem Göttlichen auszukundschaften. *Das,* die Sokratische Haltung, Agnostizismus zu nennen, ist bloß ein Zeichen des Unverständnisses.

Und was den Sinnlosigkeitsverdacht des Redens über die Grenzen unseres geistigen Aufhellungsvermögens betrifft, so lässt sich darauf Folgendes erwidern: *Es gibt kein Sinnlosigkeitskriterium des Redens.* Alle solche Kriterien sind selbstfabriziert. Denn das Einzige, was in der menschlichen Verständigung letzten Endes wirklich zählt, ist der Eindruck von informierten Menschen, die sich mit einer Sache wahrheitsstrebig und wahrhaftig beschäftigen, sie könnten einander verstehen. Erst wenn sie diesen Eindruck nicht mehr haben, wenn das wechselseitige Gefühl, einander verstehen zu können, instabil wird und zerbricht, ist die Grenze erreicht, die der Sinnlosigkeitspedant künstlich, durch ein „Sinnlosigkeitskriterium", errichten möchte, um uns davon zu überzeugen, dass Sätze wie „Gott existiert" oder „Die Welt ist eine Schöpfung" gar keinen kommunizierbaren Sinn haben.[7]

---

7 Vor Jahrzehnten gab es eine intensive Debatte des Sinnlosigkeitskriteriums, an der sich Carnap, Popper, Carl Gustav Hempel, Paul Feyerabend und andere beteiligten. Die Suche nach einem Kriterium des Sinns wurde bald ersetzt durch die Frage nach einem geeigneten Kriterium der „empirischen Signifikanz", das darüber Auskunft geben sollte, wann ein Satz einen Erfahrungsgehalt hat und daher als Erkenntnisanwärter im Rahmen einer wissenschaftlichen Theorie infrage kommt. Wie sich zeigte, war auch ein solches, der Idee nach abgeschwächtes Kriterium nicht zu finden. Ich denke, der tiefere Grund dafür lag darin, dass die Transformation einfachster Erfahrungsbegriffe (Farbe, Geschmack, Geruch, Form, Festigkeit, Klang) zu theoretischen Begriffen (von der Masse bis zum Quantensprung etc.) mit sich bringt, dass der Bezug zur Erfahrung immer indirekter wird und dabei auch eine Lockerung des empirischen Bezugs eintritt, wohingegen der strukturelle Gehalt, der aus dem Zusammenhang mit anderen theoretischen Begriffen innerhalb der Theorie erwächst (vom Anwachsen der mathematischen Gehalte einmal abgesehen), sich zusehends verstärkt. Neben die empirische Bedeutung tritt zunehmend die der innertheoretischen „Kohärenz". Und die Frage nun, wann der Zusammenhang der theoretischen Begriffe zu stark wird und umgekehrt der Bezug zur Erfahrung zu schwach, lässt sich nicht durch ein Kriterium klären. So zum Beispiel sind die exponiertesten Begriffe in der Physik heute extrem spekulativ und formal, man denke etwa an die diversen „String"-Theorien. Doch wo der Punkt liegt, an dem das theoretische Konstrukt leer in sich zu kreisen beginnt, leerläuft, mit Begriffsrädern arbeitet, die nur mehr andere Begriffsräder drehen, ohne noch

Angesichts der unausrottbaren Neigung des Menschen, über seine eigene Endlichkeit hinauszufragen, blieb vom religiösen Agnostizismus am ehesten noch eine Art Glaubenstoleranz nach dem Motto „Was ich nicht weiß, macht mich nicht heiß". Indem ich mich, agnostisch gepolstert, als „religiös unmusikalisch" und dergleichen bekenne, kann ich dem Gläubigen „mit Respekt" begegnen (und wie die Formeln der friedlichen Koexistenz alle heißen). Darüber hinaus jedoch erwuchs dem religiösen Agnostizismus ein Hauptwiderspruch aus der Wissenschaft selbst. Diese hatte infolge der atheistischen Exzesse des Kommunismus diplomatisch behauptet, über die „Wahrheiten des Glaubens" nichts aussagen zu können. Als Gegengabe wurde der darwinistischen Lehre vom Vatikan eingeräumt, sie stünde ihrerseits nicht im Widerspruch zur christlichen Schöpfungslehre. Das war ein Scheinfriede, der nach dem Zusammenbruch des Kommunismus irgendwann zu Ende gehen musste. Und der Anfang vom Ende der Unglaubensdiplomatie lässt sich durch ein Wort markieren: Naturalismus.

Naturalismus ist unterdessen ein schillernder Ausdruck, heute inflationär gebraucht von Anhängern und Gegnern, und dabei eher eine Art Totalkompetenzanmaßung der Naturwissenschaft als ein methodisches Postulat. Kurz gesagt, der Naturalist ist der Meinung, dass alles, was Teil unserer Welt ist, sich erklären lässt und dass jede gute Erklärung eine naturwissenschaftliche Erklärung sein muss. Davon macht der religiöse Glaube keine Ausnahme. Und die Pointe ist nun, dass nicht bloß der Glaube als psychologisches, institutionelles, politisches Phänomen gemeint ist, sondern ebenso der Glaube als ein Phänomen, das sich aus bestimmten Inhalten zusammensetzt, die über unsere Welt hinausweisen. Der Naturalist geht davon aus, dass alle Bewusstseinsinhalte im Gehirn erzeugt werden, also Teile unserer Welt sind und daher der wissenschaftlichen Erklärung zugänglich. Unter diesen Phänomenen finden sich, von innen, das heißt vom erlebenden Subjekt her gesehen, qualitativ ganz unterschiedliche Dinge: Gefühle, Außenweltwahrnehmungen, Sinnestäuschungen, darüber hinaus jedoch Gedanken, Vermutungen und Gewissheiten über dies und das, über Vorgänge, die wir aus dem Alltag kennen, aber auch über jene Vorgänge, von denen die Religionen handeln.

---

in die Erfahrung der Welt einzurasten – wo dieser Punkt liegt, lässt sich nicht anders entscheiden als durch die Intuition der Gelehrten, die irgendwann den Eindruck bekommen, dass die von ihnen verwendete Begrifflichkeit im Grunde „nichts mehr bedeutet". Dasselbe sollte nun aber wohl auch für die Debatten in der Philosophie und Theologie gelten, oder?

Da der Naturalist davon ausgeht, dass alle Bewusstseinsinhalte im Gehirn erzeugt werden (unter kausaler Beteiligung von welchen Ausgangsfaktoren immer), meint er sich zu der Behauptung berechtigt, dass ebenso alle Bewusstseinsinhalte religiöser Natur, ob religiöse Empfindungen oder Überzeugungen, vom Gehirn erzeugt werden. Als solche sind die religiösen Phänomene allesamt innerweltlich erzeugte Tatsachen und folglich der wissenschaftlichen Erklärung zugänglich. Das führt im Ergebnis dazu, *dass die allen religiösen Gefühlen und Überzeugungen immanente Evidenz, sie bezögen sich auf Außerweltliches, Jenseitiges, Transzendentes, für eine Illusion erklärt wird.* Ebenso kann die gehirnphysiologische Analyse demonstrieren, dass das Erlebnis, wonach viele Dinge der Außenwelt farbig, also beispielsweise braun sind, eine Illusion ist, im Falle von Braun sogar eine zweifache: Erstens nämlich gibt es objektiv – unabhängig von einem Farben sehenden Subjekt – keine Farben in der Welt „dort draußen"; und zweitens entspricht der Farbe Braun keine bestimmte Wellenlängenposition, also kein objektives Merkmal im optischen Spektrum. Braun als Farbqualität ist demnach zur Gänze ein „Konstrukt des Gehirns", und im Sinne des Naturalismus gilt nun für viele, wenn nicht die meisten oder sogar alle religiösen Phänomene dasselbe: sie sind „zur Gänze" Konstrukte unseres Gehirns.

Es waren die neuen Methoden der Gehirnforschung und zum Teil alte Fragestellungen, die in neuen Experimenten zur genetischen Programmierung des Menschen wiederaufgenommen wurden, welche zusammen nicht nur dem Naturalismus als sozusagen weltanschaulichem Überbau bei der Erforschung der menschlichen Seele eine besondere Attraktivität verliehen. Sie verliehen auch dem alten Atheismus eine neue Attraktivität. Nicht nur schien man wieder einmal bei der Bestimmung der menschlichen Natur auf den Beitrag Gottes verzichten zu können. Es schien nun sogar, als ob man die Idee, dass Gott in der Welt als Schöpfer eine unverzichtbare Rolle spielte, selbst als eine im Gehirn genetisch verankerte Illusion naturwissenschaftlich „dekonstruieren" könnte.

Mit der Attraktivität, die der Naturalismus, inklusive des Naturalismus der Seele und des Bewusstseins, auf die gebildeten Schichten, namentlich Humanwissenschaftler und Philosophen, auszuüben begann, wurde eine neue Form des Atheismus schick. Die Biologen und Humanwissenschaftler an den westlichen Eliteuniversitäten sind in der überwiegenden Mehrzahl Antimonotheisten (was nicht ausschließt, dass viele von ihnen an „irgendetwas Göttliches" oder „Spirituelles" glauben), und sie sind Antimonotheisten, weil sie davon überzeugt sind, es gäbe mittlerweile genügend empirische und theoretische Belege für die Ansicht, dass der Theismus tatsächlich *falsch* ist.

Der naturalistisch auftretende Atheismus ist nun aber mit einer zum Teil lachhaft siegessicheren Ignoranz gegenüber der Eigenlogik religiöser Themen, ihrer Geschichte und Entwicklung verbunden. Man denkt eben, zu den Gewinnern der Geistesgeschichte zu gehören. Das ist indessen eine Ignoranz, der sich, wie üblich im Falle von Überlegenheitsschüben, nicht selten eine dumm machende Arroganz beigesellt. Davor sind selbst Eliteautoren keineswegs gefeit, sobald sie meinen, vom einmal erreichten hohen Plateau der Siegerintelligenz auf das Gewimmel traditioneller Wissens-Altbestände herunterzuschauen.

***

Ein Beispiel: John Dupré, BA, MA, DPhil, PhD, ist eine Autorität. Er ist Professor für Philosophie und Wissenschaftstheorie an der University of Exeter, Devon, UK, und dort Direktor des Economic and Social Research Council (ESRC) Center for Genomics in Society. Sein Buch *Darwins Vermächtnis* erschien zuerst 2003 bei der renommierten Oxford University Press (OUP).

In der Übersetzung trägt Duprés Buch den Untertitel *Die Bedeutung der Evolution für die Gegenwart des Menschen*.[8] Im Englischen klingt das noch weniger bombastisch: „What Evolution Means Today". Ich finde den deutschen Untertitel trotzdem passender. Denn obwohl Duprés Buch den biologischen Mainstream verkörpert, präsentiert Dupré, der in Wahrheit durchaus im Rahmen innerfachlicher Diskussionen bleibt, seinen eigenen Standpunkt als eine umstrittene und gewagte Abweichung.

Was ist der Mainstream? Antwort: Nichts im Leben lässt sich heute verstehen, ohne die Rolle der Gene zu verstehen. Und worin besteht Duprés Abweichung? Darin, dass er nicht glaubt, wir seien bloß unsere Gene. Irgendwie sind wir mehr. Aber was ist dieses Mehr? Wer sich auf diese Frage vom Naturalisten Dupré viel erwartet, erwartet sich naturgemäß schon zuviel.

Dupré übt harsche Kritik an den Gen-Zentristen, besonders an Richard Dawkins, insofern dieser, in Übereinstimmung mit führenden Soziobiologen, behauptet, dass es im Leben nicht um unser persönli-

---

8 John Dupré: *Darwins Vermächtnis. Die Bedeutung der Evolution für die Gegenwart des Menschen,* dt. v. Eva Gilmer, Frankfurt a. M. 2005.

ches Überleben ginge – nicht um mein Überleben als Peter Strasser und schon gar nicht um mein Überleben als Teil der Gattung *Homo sapiens sapiens L.*, sondern um das Überleben meiner – unserer – Gene. Für unsere Gene seien wir „Überlebensmaschinen". Das ist ein Bild, das hängenbleibt. Wer möchte schon gerne eine Überlebensmaschine für seine Gene sein? Weder *ist* man als Person seine Gene – schon grammatisch eine Tour de force! –, noch muss man seine Gene kennen (Millionen von Jahren lebten und starben die Menschen, ohne etwas von ihren Genen zu wissen, und ebenso lange überlebte die Menschheit ihre Unwissenheit). Trotzdem scheint das Bild von Dawkins genial gewählt, weil sich die Leichtgläubigen unter uns plötzlich in einem neuen, seltsam tragisch sinnlosen Licht zu sehen beginnen. Wir sind für einen Zweck da, der auf der Ebene jener „Individuen", deren Überlebensziel wir günstigstenfalls optimieren, nämlich auf der Ebene unserer Gene, unbekannt ist: Gene haben kein Bewusstsein und verfolgen daher auch keinerlei Zwecke.

In Gegensatz dazu heißt Duprés Lieblingstheorie hochtrabend spröde „DST", *Developmental Systems Theory:* „In dieser Perspektive sind Gene lediglich eine – zugegeben sehr interessante – Ressource, aus der der Organismus für seine normale Entwicklung schöpft. Die DST hingegen", so Dupré, „hat den gesamten Entwicklungszyklus als Selektionseinheit vor Augen."[9] Das wird schon etwas bedeuten, denke ich mir als Leser, ich weiß nur nicht genau, was. Denn es wird mir, dem Leser, von Dupré zwar allerlei über das Zusammenspiel verschiedener Faktoren bei der Entwicklung von Systemen, die einem selektiven Druck ausgesetzt sind, erklärt. Aber es wird mir nicht wesentlich aufschlussreicher erklärt als in dem wenig aufschlussreichen Sinne, dass im Leben eben alles mit allem, was Leben ist – und womöglich auch keines –, zusammenhängt.

Dabei scheint Dupré im Schwung der Begeisterung über die sagenhafte Erklärungskraft von DST zu vergessen, dass der Darwinismus von seinem Wesen her *eine universale Theorie des Lebens* repräsentiert. Das bedeutet, dass sein genetischer Erklärungsanspruch unter allen Umständen *fundamental* sein muss. Es ist also schwer zu sehen, wie eine Theorie des Lebens letzten Endes, das heißt immer dann, wenn es um die Frage der letzten Ursachen lebendiger Systeme geht, nicht Gen-zentriert sein könnte, falls sie mit dem Darwinismus überhaupt vereinbar sein soll – *falls:* ein Punkt, der bei Dupré außer Frage steht.

---

9 Dupré, loc. cit., 33.

Natürlich, eine Binsenweisheit lautet, dass es unzählige soziale Merkmale gibt, die nicht vererbbar sind. Kunstpfeifen zum Beispiel will gelernt sein. Die Anlage zum Kunstpfeifen hat indessen nicht jeder. Sie wird dem Kunstpfeifer in die Wiege gelegt, was wiederum bedeutet: sie ist in seinen Genen verankert. Daraus lässt sich folgern, dass Kunstpfeifen irgendwie mit irgendwelchen ererbten Eigenschaften zusammenhängen muss, die in irgendeiner Hinsicht irgendeinen Überlebensvorteil haben. Ich nehme an, dass Dupré sein Buch nicht geschrieben hat, um seine Leserschaft mit derlei Banalitäten zu behelligen. Aber sicher bin ich mir nicht.

In dem Kapitel „Menschen und Tiere" nämlich erfahren wir, dass wir keine Seele haben und daher auch keinen Grund, „die evolutionäre Kontinuität zwischen uns und anderen Lebewesen abzustreiten..."[10] Ich gestehe, dass ich an meine Seelenlosigkeit nicht so recht zu glauben vermag, obwohl ich einräume, dass die Vorstellung, ich hätte eine unsterbliche Seele, die sich nach meinem Tod zu Gott emporschwingt und mich dabei wissen lässt, ich sei es noch immer selbst, der da schwingt, mir gewisse Vorstellungsschwierigkeiten bereitet. Zugleich habe ich jedoch keine Schwierigkeiten zu verstehen, dass es zwischen mir, den Fischen, Vögeln und Affen eine „evolutionäre Kontinuität" gibt, denn so habe ich das schon im Mittelschulunterricht, Fach Biologie, gelernt.

Nun aber kommt Duprés entscheidender Zusatz: Trotz evolutionärer Kontinuität unterscheiden wir uns von den Tieren durch die Sprache, die erst „den Aufbau komplexer Kulturen ermöglicht". Ich kann mir nicht helfen: Dieser Teil der *Developmental Systems Theory* kommt mir auch nicht besonders originell vor. Dass Menschen im Gegensatz zu den Tieren komplexe, weil sprachfundierte Kulturen haben, hatte ich ebenfalls schon in der Mittelschule, Fach Biologie, gelernt, vom anthropologischen Curriculum in den ersten Semestern Philosophie ganz zu schweigen.

Im Kapitel „Das Wesen des Menschen" erfahren wir dann endlich – gewissermaßen als ein wohlfundiertes Resultat aus dem bisher Gesagten –, dass es ein Fehler der Evolutionspsychologie sei, vom Genom, das sich seit der Steinzeit kaum verändert habe, darauf zu schließen, dass wir psychisch noch immer Steinzeitmenschen seien. Denn es gibt etwas, was Dupré die „extra-organismischen Ressourcen" nennt.[11] Was ist denn das? Die Antwort darauf ist erschütternd

---

10 Loc. cit., 72 ff, 80.
11 Loc. cit., 95.

einfach. Es handelt sich um jene Ressourcen, die ein Resultat unserer sprachfundierten, komplexen Kultur sind: Schulen, Fernsehen, Bücher und so weiter ... An diesem Punkt der Dupréschen Ausführungen zu den Erklärungsleistungen der sogenannten DST bekommt der lernwillige Leser den Eindruck, er sollte sich von dieser Theorie vielleicht nicht allzu viel erwarten. Ist sie etwa alter, abgestandener Wein in neuen, auf Hochglanz polierten Schläuchen?

Das kann doch bei einem Buch, das uns „die Bedeutung der Evolution für die Gegenwart des Menschen" nahe zu bringen verspricht, nicht alles gewesen sein, oder? Doch, doch. Denn worin die „Bedeutung" des Darwinschen Vermächtnisses für den Humanwissenschaftler Dupré besteht, das erfahren wir endlich aus jenem Kapitel, dessen Überschrift schon fast alles sagt: „Die Ursprünge des Menschen und der Untergang des Theismus". Dort darf sich Dupré nach Herzenslust über die dummen Zeitgenossen mokieren, die glauben, Darwinismus und Religion seien vereinbar.

Der Glaube an Götter, Geister, Seelen und dergleichen Mummenschanz, so Dupré, sei nicht nur falsch, sondern heute auch unvernünftig, weil durch die Erfahrung längst widerlegt. Es wäre, schreibt Dupré, als ob er seinen Religionslehrer ärgern wollte, ein Leichtes für Gott, seine Existenz empirisch unmissverständlich darzulegen: „Er könnte in irgendeinem entsprechend beeindruckenden Gewand erscheinen und allerlei Wunder vollbringen. Er könnte zum Beispiel den Weltfrieden herstellen."[12] Während jedoch Gott nichts seine Existenz Erhellendes unternehme, weil es ihn gar nicht gebe, entdeckte der Mensch die Evolution: „Folglich haben wir, so behaupte ich, nun keinen guten Grund mehr, an Gott zu glauben. Dies ist natürlich ein überaus großer Beitrag zu unserer Weltsicht."[13]

Gewiss, überaus groß. Dupré ist, so wage ich zu behaupten, kein interessanter Autor wegen der Ideen, die er vertritt. Die von ihm gegen Dawkins vertretene *Developmental Systems Theory* ist vor allem ein Name für die Binsenweisheit, dass im Grunde alles mit allem zusammenhängt, ohne dass der fundamentale Stellenwert der Evolutionstheorie für alle lebenden Systeme auch nur im Ansatz geleugnet werden dürfte – ein Punkt, der den Erklärungswert von DST vollständig trivialisiert. Dupré ist interessant deshalb, weil man an ihm besonders gut sieht, wie der Naturalismus als Weltanschauung arbeitet. Es spielt nämlich gar keine Rolle, dass sich Dupré von Dawkins

---

12 Loc. cit., 54.
13 Loc. cit., 55.

scharf abgrenzt, beide sind sich darin einig, dass es nichts zwischen Himmel und Erde gibt, was nicht eine natürliche Ursache im Sinne der Naturwissenschaften hat. Beide halten deshalb alles, was das Vorliegen einer religiösen Haltung verrät, für Humbug. Und dazu gehört auch ein großer Teil der Philosophie, ob von Plato, Hegel, Kant oder sonst einer „metaphysischen" Richtung beeinflusst, die behauptet, dass sich nicht alles, was existiert, auf Physik, Chemie und Biologie reduzieren lässt. Aus dieser großen Dreiheit müssen, DST hin oder her, letztlich auch Sprache und Kultur, Bewusstsein und Bedeutung hervorgehen.

Duprés arrogante Ignoranz (oder ignorante Arroganz) gegenüber der Weisheit der Tradition – vom Traditionsirrsinn soll im Moment nicht die Rede sein – ist typisch für einen einflussreichen Teil der Populär-Naturalisten, die uns heute mit ihrer sogenannten „wissenschaftlichen Weltanschauung" in den Ohren liegen. Dupré hat keine Ahnung von moderner Theologie, weil er sie von vornherein für eine Fortführung altüberkommener Dummheiten hält. Auch mit der Geschichte des religiösen Denkens geht er um wie ein ungebildeter Barbar. Er schreibt, dass man sich als akademischer Lehrer „schon fast dafür schämt", seinen Philosophiestudenten im ersten Semester den Gottesbeweis des Anselm von Canterbury erklären zu müssen[14] – ein Beweis, der zwar keiner ist, aber zu den interessantesten Argumenten des religiösen Denkens gehört, noch Kant ausführlich beschäftigt und seither die Philosophen immer wieder zu Kommentaren veranlasst hat.[15] Und dieser schamhafte Atheist Dupré unterrichtet Philosophie!

---

14 Loc. cit., 53.
15 Der von Kant so genannte „ontologische Gottesbeweis" findet sich zuerst bei Anselm von Canterbury (1033–1109), und zwar in dessen Werk *Proslogion* (1077/78). Vgl. Anselm von Canterbury: *Proslogion. Untersuchungen*, lateinisch-deutsche Ausgabe v. P. Franciscus Salesius Schmitt O.S.B., Stuttgart/Bad Cannstatt 1962, 84/85: Gott wird dort definiert als das vollkommenste Wesen, über das hinaus sich nichts Vollkommeneres denken lässt *(aliquid quo nihil maius cogitari potest)*. Nun angenommen, argumentiert Anselm, Gott wäre ein Wesen, das sich durch alle Vollkommenheitsmerkmale definiert und dabei aber möglicherweise nicht existiert; dann gäbe es ein noch vollkommeneres Wesen, nämlich jenes, das sich durch alle Vollkommenheitsmerkmale definiert und dabei aber zugleich existiert! Ergo: Gott als das Wesen, über das hinaus sich nichts Vollkommeneres denken lässt, existiert notwendig. *Kommentar:* (a) Ein Zeitgenosse Anselms, der Mönch Gaunilo, hat bereits eingewendet, dass aus der Vollkommenheit als Idee niemals die Existenz der Sache folge, auf welche mit der Idee Bezug genommen wird: Aus Begriffen allein folgen keine Tatsachen. (b) Man könnte sogar argumentieren, dass die Vollkommenheit einer Sache bisweilen deren reale Existenz ausschließe, so z.B. ist der vollkomme Kreis nur als ideale mathematische Figur denkbar. (c) Kant hat eingewendet, dass die *Existenz* eines Dinges D keine weitere

Dupré beschließt – nachdem er einen großen Teil der abendländischen Denktradition für unwürdig erklärt hat, seinen Studenten zugemutet zu werden – *Darwins Vermächtnis* mit einer Reihe von Bescheidenheitskundgebungen. Auch das ist typisch für den neuen Atheismus. Man fühlt sich als Sieger und kann es sich nun leisten, augenzwinkernd leise zu treten, tolerant zu tun: „Ich möchte nicht behaupten, die Wissenschaft habe uns alles über die Welt erzählt, was von Belang ist", versichert Dupré, der als Naturalist genau *das* behauptet, von dem er als Sonntagsredner behauptet, es nicht behaupten zu wollen. Und von dem, wovon er als Naturalist unter keinen Umständen überzeugt ist, ist er jetzt, am Ende goetheanisch gestimmt, dem Scheine nach doch überzeugt: „Ich bin davon überzeugt, dass es mehr zwischen Himmel und Erde gibt, als sich im Rahmen irgendeiner Philosophie träumen lässt." Und so, im Ton des Sonntagsredners, strebt Dupré dem Höhepunkt entgegen: „Mein Punkt lautet vielmehr, dass wir genug wissen, um unser Nichtwissen akzeptieren zu können ..."[16] *Vergelt's Gott!*

Oder sollten wir unbeeindruckt in die Duprésche Sonntagspredigt hineinfragen, was jemand eigentlich wirklich und wahrhaftig meint, der sagt, wir wüssten genug, um unser Nichtwissen akzeptieren zu können? Gewiss, er meint, dass wir keinen Gott mehr brauchen. Aber wäre es nicht möglich, *dass wir schon lange viel zuviel wissen, um unser Nichtwissen jemals noch akzeptieren zu können?* Nein, fragen wir nicht weiter, es ist doch alles bloß Gerede. Also: *Vergelt's Gott und Applaus!*

II. Nobody is perfect

Als Zarathustra, vierzigjährig geworden, von seinem Berg herabstieg, dann deshalb, weil er vor zehn Jahren seine Heimat und den See seiner Heimat verlassen hatte, um, wie es heißt, im Gebirge seinen Geist und seine Einsamkeit zu genießen. Dessen war er zehn lange Jahre lang nicht müde geworden. Dann aber verwandelte sich sein Herz. „Siehe!", sagte er eines Tages zu sich selbst: „Ich bin meiner Weisheit überdrüssig, wie die Biene, die des Honigs zu viel gesammelt hat ..."

Eigenschaft von D ist, sondern den *Modus des Realseins* der Eigenschaften von D bezeichnet (der Begriff „hundert Taler" bleibt gleich, egal, ob die hundert Taler tatsächlich oder bloß möglicherweise oder gar nicht existieren). – Die Einwände (a), (b) und (c) sind ihrerseits Ausgangspunkt für viele weitere Analysen und Kommentare geworden.

16 Dupré, loc. cit., 131.

Und also begann er unters Volk zu gehen, um seine Weisheit unters Volk zu bringen. Beim Abstieg trifft er einen alten Einsiedler, einen Heiligen, der in den Wäldern lebte, um Gott zu loben: „Ich mache Lieder und singe sie, und wenn ich Lieder mache, lache, weine und brumme ich: also lobe ich Gott."

So beginnt Nietzsches *Also sprach Zarathustra,* nach Nietzsches Worten *Ein Buch für Alle und Keinen,* erschienen 1883. Es geht um den perfekten Menschen, das ist ja Zarathustras Honig, der verteilt werden will: die Lehre vom Übermenschen. *Superman.* Aber nicht im Geiste Supermans, sondern dem eines allerzartesten absterbenden neunzehnten Jahrhunderts, Nietzsches Zartheit in Zarathustra. Denn als dieser die Worte des Heiligen gehört hatte, grüßte er ihn und sprach: „Was hätte ich euch zu geben? Aber lasst mich schnell davon, dass ich euch Nichts nehme!" Das ist mehr als bürgerlicher Anstand. Das ist das bald schon aussterbende Gefühl für die Achtung, die dem reinen Herzen gebührt. Kein ideologisches Gerassel, kein Gelärme verfeindeter Standpunkte. Kein Kampf der Kulturen. Vielmehr, als Zarathustra dann wieder allein war, sprach er zu seinem Herzen: „Sollte es denn möglich sein! Dieser alte Heilige hat in seinem Walde noch nichts davon gehört, dass *Gott todt* ist!"[17]

Ach, solche Zeiten sind vorbei. Kein Heiliger wird mehr in Ruhe gelassen. Der Übermensch ist kompromittiert, Superman ist auf die Bühne der geistigen Exzellenz getreten, Oxford, Harvard, Yale. Jetzt heißt es du oder ich, und ich habe recht. Kein Wunder, dass heute alle wissen, dass Gott tot ist, auch wenn es die meisten nicht wirklich glauben können. *Unser* Zarathustra heißt Dawkins, er predigt nicht vor den Marktschreiern, er ist selber einer, und seine Botschaft ist nicht der überströmende Mensch, der lacht und das Leben besingt (und dabei freilich als Raubtier unter seine Feinde fährt mit spitzen Krallen und heißen Zähnen), sondern das Egoistische Gen, das unseren Körper und unseren Geist geistlos benützt – als Überlebensmaschinen. Weiß der Teufel, warum (Gott ist ja tot).

The God Delusion also, das Buch von Dawkins über den Gotteswahn[18]: Der Kern des Buches findet sich im Kapitel 4, *Why there almost certainly is no God:* eine Art Anti-Gottes-Beweis. Die Theisten behaupten, sagt Dawkins, dass die Wahrscheinlichkeit von etwas so

---

17 Friedrich Nietzsche: *Kritische Studienausgabe,* KSA 4, hg. v. Giorgio Colli u. Mazzino Montinari, München 1999, 11 ff.
18 Richard Dawkins: *The God Delusion,* London 2006. Die deutsche Ausgabe erschien unter dem Titel *Der Gotteswahn,* übersetzt v. Sebastian Vogel, Berlin 2007.

Komplexem wie unserer Welt gleich null ist, es sei denn, wir akzeptieren, dass es einen Schöpfer dieser Ordnung gibt. Aber, sagt Dawkins, wenn wir für einen Moment lang annehmen wollen, dass es einen derartigen Schöpfer gibt, dann kann die Wahrscheinlichkeit seiner Existenz nicht größer sein als die Wahrscheinlichkeit seiner Schöpfung. Denn, sagt Dawkins, der Schöpfer – Gott – muss mindestens so komplex sein wie das Komplexe, das er erzeugt. Dadurch, so Dawkins, überträgt sich die Unwahrscheinlichkeit der Existenz unserer Welt auf Gott. Ist die Wahrscheinlichkeit der Welt gleich null, dann ist es praktisch gewiss, dass Gott nicht existiert.

Stimmt das? Zunächst: Die These, dass der Schöpfer mindestens so komplex sein müsse wie das von ihm Geschaffene (und daher seine Existenz mindestens ebenso unwahrscheinlich), ist vor allem eines: unklar. Von was für einer Komplexität ist denn hier eigentlich die Rede? Musste der Urknall, aus dem das Universum hervorging, schon alle Atome enthalten, aus denen heute das Universum besteht? Die Frage ist rhetorisch, denn die Astrochemie glaubt zu wissen, dass aus dem Urknall die Atome, wie wir sie kennen, erst *entstanden* sind. Folglich kann es beim Urknall auch noch nicht all die Beziehungen gegeben haben, in denen die heute existierenden Atome und Moleküle, etc. pp., bis hin zu den Sternen, Sternhaufen, Galaxien *zueinander stehen*.

Die Komplexität, von der Dawkins spricht, muss daher im Sinne einer Komplexitätspotentialität der Ersten Ursache verstanden werden: Sie beinhaltet die physikalische Möglichkeit (oder was das alles für Möglichkeiten sein mögen, warum nicht auch geistige?), eine späterhin real existierende Komplexität hervorzubringen. Und was heißt denn in diesem Zusammenhang „späterhin"? Mit dem Urknall zusammen sollen ja laut wissenschaftlichem Befund erst Raum und Zeit entstanden sein. Im Anfang lässt sich also – denken wir uns die Potentialität zur Entstehung von Komplexität als eine Möglichkeit, *die zeitlich erst zu verwirklichen ist* – von einer Komplexitätspotentialität *innerhalb* von Raum und Zeit gar nicht reden. Denn es gibt im Anfang noch keine Zeit, so wenig wie es den Raum gibt.

Frage: Ist der Uhrmacher mindestens so komplex wie die Uhr, die er konstruiert? Gegenfrage: Was heißt denn hier „mindestens so komplex"? Und inwiefern ist das überhaupt relevant? Nur ein Narr würde folgendermaßen argumentieren: „Von der Existenz meiner Armbanduhr darauf zu schließen, dass es einen Uhrmacher gibt, erklärt nichts, weil dessen Existenz mindestens ebenso unwahrscheinlich sein müsste wie die Existenz von etwas derart Komplexem wie meiner Armbanduhr." Die Existenz des Uhrmachers, wie komplex (in irgendeinem Sinne von „komplex") er auch sein muss, um als Uhrmacher existieren zu können, wird durch die Existenz meiner Uhr *verbürgt,* unbeschadet der Art und des Grades *ihrer* Komplexität. Denn die Existenz der Uhr erheischt zu ihrer Erklärung einen Uhrmacher.

Und was der gläubige Mensch in Gestalt des Kreationisten nun behauptet, ist genau das Analoge zum Uhrenbeispiel, nämlich, dass das Universum aufgrund seiner Beschaffenheit einen Schöpfer erheischt. Man kann dem widersprechen und sagen: Nein, die Existenz des Universums lässt sich auch anders erklären, ohne Geist, Absicht, Ziel und Zweck, eben naturwissenschaftlich, siehe Urknall usw. usf. Aber das ist eine andere Geschichte, und zwar eine ziemlich löchrige. Dass Dawkins, sobald es um die Existenz der Welt geht, akkurat diesen Punkt nicht sieht, ist eine verräterische Form der Problemblindheit desjenigen, der alle anderen, die an Gott glauben, unentwegt der Problemblindheit, wenn nicht gar der Dummheit, bezichtigt.

Angenommen, die Existenz der Welt lässt sich wissenschaftlich erklären. Dann brauchen wir keinen Gott. Doch angenommen, ihre Existenz lässt sich ohne Gott ebenso wenig erklären wie die Existenz der Uhr ohne Uhrmacher. Dann folgt daraus, dass, falls Gott existiert, er zwei Bedingungen erfüllen muss: Erstens, er ist wie der Uhrmacher „hinreichend komplex", *was immer das heißt,* und zweitens, die Frage seiner Wahrscheinlichkeit spielt gar keine Rolle. Denn Gott ist, im Gegensatz zum Uhrmacher, ein Erklärungsgrund zweifellos nur unter der Voraussetzung, dass er „notwendig" existiert – *was immer das heißt.*

Die Frage der Notwendigkeit ist natürlich für die Frage der Existenz Gottes zentral. Man kann sich ja die Existenz Gottes nicht so denken, dass sie ihrerseits von Bedingungen abhängt, die Gott äußerlich wären, das heißt, über die er selbst keine vollständige Kontrolle hätte. Denn dann wäre es möglich, dass Gott auch nicht existierte oder wieder zu existieren aufhörte, gegeben bloß den Fall, die Bedingungen seiner Existenz würden nicht existieren oder wieder zu existieren aufhören. Eine solche Abhängigkeit von Bedingungen ist mit dem Begriff Gottes schlichtweg unvereinbar, *falls* mit „Gott" eine Art letzter Ursache oder guter Anfang der Welt gedacht wird. Und das ist es doch, was *wir* denken, wenn wir an den Schöpfer der Welt denken, und woran auch Dawkins denkt, wenn er sich als Atheist bezeichnet.

Tatsächlich finden wir jedoch innerhalb der Welt keine notwendige Existenz, wie sie der Begriff Gottes verlangt. Notwendig innerhalb der Welt sind die Dinge stets nur im Rahmen von Naturgesetzen der Art „Immer wenn A, dann B". Daraus folgt, dass B notwendig existiert, sofern A als Ursache von B existiert. Wie immer man zur Frage der kausalen Notwendigkeit stehen mag (der Philosoph David Hume stand ihr skeptisch gegenüber und leugnete sie), unabweislich gilt: Notwendigkeit im Sinne von kausaler Notwendigkeit ist zugleich eine *bedingte* Art der Notwendigkeit. Es ist notwendig, dass sich ein Gas ausdehnt, wenn es erwärmt wird; aber es dehnt sich mit Notwendigkeit nur unter der Bedingung aus, dass es erwärmt wird (und möglicherweise auch noch unter dem Vorliegen anderer Bedingungen), sonst nicht.

In diesem Sinne ist Gottes Existenz *nicht* notwendig; sie ist vielmehr *bedingungslos* notwendig. Zugegeben, das ist eine verdächtige Form der notwendigen Existenz. Aber immerhin: Ist sie verdächtiger als die Existenz des Urknalls, der, empirisch gesehen, keine weitere empirische Bedingung haben konnte? Mit Bezug auf den Urknall hat man den Eindruck, es ist egal, ob wir sagen, er sei zufällig in die Existenz getreten oder mit Notwendigkeit. Meint denn hier beides nicht dasselbe, nämlich, dass wir vor dem Wunder des absoluten Anfangs stehen wie die Ochsen vor dem neuen Scheunentor – fassungslos, all dessen, worauf wir uns einen Reim machen können, beraubt? Na also. Und was wäre dann der atheistische Punkt, mit dem sich der Begriff der notwendigen Existenz Gottes aus den Angeln heben ließe?

Andererseits, niemand, der sich um die Frage der Erklärung von irgendetwas, was ist, wird, entsteht oder vergeht, schon einmal Gedanken gemacht hat, wird so naiv sein zu meinen, es helfe irgendwie weiter, an die Stelle einer wissenschaftlichen Erklärung einfach eine theologische zu setzen. Das betrifft einzelne Ereignisse innerhalb der Welt gleichermaßen wie die Welt insgesamt. Angenommen, es geschieht ein Wunder. Jemand, der mausetot ist, ja dessen Körper sich schon in Verwesung befindet, fängt plötzlich an, wie bei einem Film, den man rückwärts laufen lässt, in den Zustand des Lebendigseins zurückzukehren. Schließlich schlägt er die Augen auf und weilt wieder unter uns Lebenden. Ein Wunder, klar. Denn niemand, vom Biochemiker bis zum Thanatologen, hat auch nur die geringste Ahnung, wie so etwas – gegeben die Welt, wie sie nun einmal ist – möglich sein sollte. Kein Wissenschaftler hat auch nur die geringste Ahnung, welche Naturgesetzlichkeit hier gewirkt haben könnte. *Nicht den Funken einer Ahnung,* und jetzt kommt der Theologe und sagt: Das war der liebe Gott!

Man muss dem Theologen einräumen (was Atheisten nur ungern tun), dass innerhalb seines Glaubensrahmens die Aussage „Das war Gott!" einen guten erklärenden Sinn haben mag. *Denn alles, wofür der Mensch nicht selbst verantwortlich ist, ist eine Folge davon, dass es ein Teil der Schöpfung und damit ein Ergebnis des Wirkens Gottes ist.* Doch man beachte, dass dies für Wunder ebenso gilt wie für Nichtwunder, für einzelne Tatsachen ebenso wie für die Naturgesetze, von denen die einzelnen Tatsachen beherrscht werden, und ebenso für die Existenz der Welt insgesamt. Es gilt für alles, was ist, insofern es nicht vom Menschen verursacht wurde. Und das heißt nun aber bezüglich eines Wunders, das in der Auferstehung eines Toten gründet: Wir haben nicht die mindeste Ahnung, wie sich speziell dieses Ereignis *erklären* lässt, sehen wir einmal davon ab, dass es sich im Glaubensrahmen nicht weniger dem Wirken Gottes verdankt als alles andere auch.

Es geht also nicht darum, für Gott als Erklärung der Welt zu votieren, wenn damit die Existenz der Welt so erklärt werden soll, dass der Wissenschaftler nickt und sagt: Aha, das war's also! (Vielleicht nickt der gläubige Wissenschaftler bei der Erwähnung Gottes hinsichtlich der Weltentstehung, aber er nickt dann gewiss nicht deshalb, weil er denken würde, er hätte eine Erklärung, die ihn als Wissenschaftler befriedigen könnte.) Gezeigt soll bloß werden, dass Dawkins' Anti-Gottes-Beweis zu simpel ist, viel zu simpel – ein Beweis für Atheistensimpel, sozusagen. Das hat bei einem klugen Kopf wie Dawkins etwas zu bedeuten. Aber was?

Hier die Antwort: Es deutet darauf hin, dass umgekehrt alle Versuche, die komplexe Ordnung der Welt mit rein wissenschaftlichen Mitteln – ohne „Gotteshypothese" – zu erklären, in arger Bedrängnis stecken. Tatsächlich widmet Dawkins mehrere Abschnitte seines Buches dieser Bedrängnis. Sie gründet darin, dass es keinerlei physikalischen Anhaltspunkt dafür gibt, wie aus „toter" Natur jemals Leben entstehen könnte. Da die Existenz der DNA die Voraussetzung für Darwins Theorie bildet, kann diese Theorie – Stichworte: Zufallsvariation im Erbgut plus natürliche Auslese – logischerweise nicht herangezogen werden, um die Existenz der DNA zu erklären. Und sollte man versuchen, an dieser Stelle auf die vermutbare Existenz einfacherer „replikatorischer" Moleküle zurückzugreifen, dann verschöbe man den Erklärungsnotstand nur einen weiteren Schritt nach hinten.

Nebenbei gesagt: Dasselbe Problem stellt sich, in analoger Form, aber auf unterschiedlichem Spekulationsniveau, an verschiedenen Punkten der Weltordnung. Es umfasst scheinbar weit auseinander liegende Fragen: Wie soll man sich die Entstehung eukaryotischer Zellen, also von Zellen mit einer Kernmembran, vorstellen? Oder: Wie ist es möglich, dass aus der bewusstlosen Materie Bewusstsein entsteht? Die „Erklärung", die sich Dawkins mit großem Begriffsaufwand zu geben bemüht, ist indessen keine. Ja, Dawkins' Antwort ist geradezu lachhaft *tricky*.

Gehen wir, sagt Dawkins, davon aus, es sei sehr, sehr unwahrscheinlich, dass Dinge wie DNA-Stränge, Eukaryoten oder Bewusstseine entstehen. Nehmen wir an, die Wahrscheinlichkeit sei „eins zu einer Milliarde". Dann haben wir zu berücksichtigen, dass es im Universum bei schätzungsweise 100 Milliarden Galaxien zumindest eine Milliarde Milliarden Planeten gibt, sodass, bei einer Wahrscheinlichkeit von eins zu einer Milliarde, noch immer eine Milliarde Planeten existieren müsste, auf denen sich Leben entwickelt hat. *Und,* wie wir wissen – so die Konklusion von Dawkins, für die es auch einen pompösen Namen gibt: „anthropisches Prinzip" –, ist einer unter dieser Milliarde von Planeten, auf denen es statistisch gesehen Leben geben sollte, unsere Erde.

Somit haben wir scheinbar zwei Fliegen auf einen Schlag erledigt: Erstens, wir haben erklärt, warum das, isoliert betrachtet, höchst Unwahrscheinliche im Ganzen des Kosmos höchst wahrscheinlich ist. Und zweitens, da es uns gibt („anthropisches Prinzip"), sind wir in der glücklichen Lage, sagen zu dürfen: Obwohl es höchst unwahrscheinlich ist, dass gerade an jener Stelle des Kosmos, an der wir uns befinden, tatsächlich Leben auftritt (es ist hier ebenso unwahrscheinlich wie an jeder anderen Stelle auch), so ist es eben so, wie es ist – *hier* ist Leben aufgetreten, und der Beweis dafür sind wir selber.

Freilich, selbst der allergutmütigste Leser, der außerdem nicht besonders hell zu sein braucht, kein Meisterdenker aus Oxford, beginnt an dieser Stelle den Kopf zu schütteln. Denn die Wahrscheinlichkeit, mit der Dawkins hantiert, wird von ihm ja nicht begründet und mit statistischen Argumenten eingeführt – nicht etwa so, wie man sagen kann, die Wahrscheinlichkeit, dass beim Roulett die Kugel auf Rot fällt, ist begründetermaßen 0.486... (18 von 37 Feldern sind rot.) Die Wahrscheinlichkeit, von der bei Dawkins die Rede ist, wurde von ihm stattdessen vollkommen beliebig festgesetzt. Sie könnte ebenso gut eins zu einer Trilliarde Trilliarden sein, was bedeuten würde, dass der Rückgriff auf ein von Gott gewirktes „Wunder" geradezu unausweichlich wäre, *falls man überhaupt nach einer Erklärung suchen wollte.*

An dieser Stelle lauert freilich ein Missverständnis. Es geht auf den heute geradezu modischen Gebrauch des schon erwähnten „anthropischen Prinzips" zurück. Dieses Prinzip wurde 1973, anlässlich des 500. Geburtstages von Kopernikus, durch den Kosmologen Brandon Carter formuliert, und zwar in einer eher vagen Weise, die zu unterschiedlichen Deutungen führte, auf die wir uns hier nicht näher einzulassen brauchen. Denn Dawkins selbst stützt sich auf eine schwache Form des Prinzips. Ich formuliere sie der Einfachheit halber folgendermaßen: „Das Universum ist offenbar so beschaffen, dass es die Möglichkeit von Leben gestattet, welches seinerseits so beschaffen ist, dass es schließlich zur Existenz von menschlichen Beobachtern führt, die das anthropische Prinzip formulieren. Wäre es anders, dann wäre das anthropische Prinzip (,Das Universum ist so beschaffen, dass es die Existenz von menschlichen Beobachtern gestattet') nicht formuliert worden."

Dahinter steckt die Beobachtung, dass im Universum schon feinste Variationen bei den Naturkonstanten (etwa der starken Kraft im Atomkern, der Gravitation, etc.) kosmische Verhältnisse bedingen würden, die kein Leben zuließen, zum Beispiel deshalb nicht, weil zuviel Helium und zuwenig Stickstoff vorhanden wäre. Erst über Myriaden von Feinabstimmungen in ganz unterschiedlichen physikalischen, chemischen, schließlich astronomischen und atmosphärischen Dimensionen wird eine Art Umwelt möglich, aus der dann Leben und sogar höheres Leben bis hin zum Menschen entstehen *kann*. Dass es entstanden ist, wissen wir, denn es gibt uns. Aber welcher Erklärungsgewinn für die Tatsache, dass es uns gibt, also Leben tatsächlich entstanden ist, lässt sich mit Hilfe des anthropischen Prinzips daraus ableiten? Kurz gesagt, in jener Form, in der das Prinzip unumstritten ist, also in der sogenannten „schwachen Form", keiner! Denn das Prinzip wurde nicht zu Unrecht verdächtigt, im Grunde inhaltsleer (tautologisch) zu sein: „Damit Leben im Universum möglich ist, darf das Universum nicht so beschaffen sein, dass in ihm kein Leben möglich ist." Bei dieser Formulierung wird sofort klar, dass das Prinzip nichts erklärt, nur feststellt, was wir alle wissen: Es gibt uns, folglich herrschen im Universum Zustände, die es zulassen, dass es uns gibt.

Es ist einerseits die ungemein komplexe Ordnung solcher Zustände, die sowohl Kreationisten als auch die Vertreter der Theorie vom Intelligenten Design mobilisiert. Denn die Naturwissenschaft selbst gibt uns keine Antwort auf die Frage, warum die Kräfte und Gesetze der Natur genau so sind, wie sie sind. Und die Antwort des gläubigen

Menschen lautet eben: Das hat Gott im Urknall auf diese und keine andere Weise angelegt, denn nur auf diese und keine andere Weise konnte nicht zuletzt die „Krone der Schöpfung", nämlich der Mensch, entstehen.

Andererseits jedoch erklärt, wie Dawkins zu Recht bemerkt, die Ordnung der unbelebten Natur nicht von selbst, wie Leben und Bewusstsein entstehen konnten. Bewusstes Leben ist entstanden, weil seine Existenz innerhalb der kosmischen Ordnung möglich war (anthropisches Prinzip), doch nach allem, was wir wissen, handelt es sich dabei um ein sehr, sehr unwahrscheinliches Phänomen. Deshalb arbeitet Dawkins mit einer angenommenen statistischen Wahrscheinlichkeit, die nur insofern nicht beliebig ist, als sie von ihm groß genug angesetzt wird, damit immerhin noch auf einer Milliarde Planeten Leben vorkommen sollte – warum also nicht auf unserer Erde auch?

Doch man braucht die Wahrscheinlichkeit, die ja beliebig festsetzbar ist, nur klein genug zu machen, um beispielsweise als Resultat zu erhalten, dass es zwar möglich, aber sehr, sehr unwahrscheinlich ist, dass auf irgendeinem Planeten irgendwo im Universum Leben entsteht. Dann wäre seine Entstehung auf unserer Erde ebenfalls sehr, sehr unwahrscheinlich gewesen, und *diese* „Wahrscheinlichkeit" ließe sich nun aber *keinesfalls* „im Sinne des anthropischen Prinzips" als eine Art natürlicher Erklärung für unsere irdische Existenz anführen. Im Gegenteil: Zu erwarten wäre ja, dass sich *niemals* Leben auf Erden geregt hätte, von der Entstehung des Bewusstseins ganz zu schweigen!

Hinzu kommt: Das kosmisch Unwahrscheinliche tritt, wenn es nur unwahrscheinlich genug, also zwar nicht gerade unmöglich ist, aber ans Unmögliche angrenzt – die Wahrscheinlichkeit „gegen null" geht –, bloß dann irgendwann einmal mit hinlänglicher Sicherheit ein, falls das Universum lange genug besteht. Geht die Wahrscheinlichkeit des Lebens im Universum „gegen null", dann müsste die Dauer der Existenz des Universums bis heute bereits „gegen unendlich" gehen, um das gegen null gehende Wahrscheinliche – Leben – mit einer derartigen „Sicherheit" (einer derart hohen Wahrscheinlichkeit) als irgendwann einmal eingetreten annehmen zu dürfen, die ihrerseits „erklärend" wirken könnte.[19] Was immer das konkret hei-

---

19 Ob es sich hierbei tatsächlich um eine „Erklärung" handeln würde, darüber wurde in der Wissenschaftstheorie kontrovers diskutiert. Ich wäre großzügig. So zum Beispiel kann man sich den Umstand, dass die Kugel beim Roulett endlich auf Rot fiel, ohne weiteres damit „erklären", dass man schon zwanzigmal auf Rot gesetzt hatte. Denn schließlich ist es eine statistische Tatsache, dass, *je länger die Reihe* der

ßen mag, es ist unsinnig vor dem Hintergrund dessen, was wir über den Beginn des Universums heute zu wissen glauben: dass dieses nämlich mit dem Urknall vor einer nicht allzu großen Anzahl von Milliarden Jahren begann (nach derzeit gängiger Schätzung: 13,7 ± 0,2 Milliarden Jahre). Kein Wunder also, dass die Gottgläubigen mangels einer besseren Erklärung seitens der Naturwissenschaften Gott ins Spiel bringen: Er hat das Wunder und die Ordnung des Lebens auf Erden bewirkt ...

Man muss aber nicht an jeder Stelle der Weltwunder nach einer Erklärung suchen, man könnte auch sagen: Ach, unser endlicher Verstand stößt hier an seine Grenze! Zum Beispiel ist schon die Frage, wodurch der Urknall „verursacht" wurde, physikalisch unsinnig. Denn der Begriff „Ursache" lässt sich sinnvoll nur auf Ereignisse *innerhalb* der Welt, also auf Vorgänge *nach* dem Urknall, anwenden. Das alles beweist im Umkehrschluss zwar ganz und gar nicht die Existenz Gottes, es lässt aber den Atheisten, im Gegensatz zum schlichten Agnostiker („Weiß nicht"), ziemlich dumm dastehen.

Ja, „ziemlich dumm" ist das richtige Wort, um den zentralen Angriffsteil von Richard Dawkins' Frontalangriff auf den Gottesglauben zu charakterisieren. Das richtige Wort vor allem deshalb, weil Dawkins eben nicht irgendein Dummkopf ist, sondern ein brillanter Kopf in der Vermittlung der modernen Evolutionstheorie, Inhaber eines eigens für ihn geschaffenen Oxforder Lehrstuhls, des Charles Simonyi Chair for the Public Understanding of Science, Autor von Bio-Populärklassikern wie *Das egoistische Gen* (1976) oder *Der blinde Uhrmacher* (1986).

Zugleich ist Dawkins, wie alle Welt weiß, ein *kämpferischer* Atheist. Und dafür hat er, wie er nicht müde wird zu betonen, Gründe mehr als genug. Wenn man kein konfessionelles Brett vorm Kopf hat, dann muss man sagen, dass die Offenbarungsreligionen, insbesondere das dogmatische Christentum und der fanatische Islam, Dawkins abstoßendes Material genug geliefert haben – und zur Zeit gerade wieder einmal liefern –, um gegen Gott mobil zu machen. Dem stimmen viele aufgeklärte Menschen, die sich vom religiösen Dogmatismus und Fanatismus aller Zeiten abgestoßen fühlen, bereitwillig zu.

Wenig überraschend also, dass *The God Delusiom* 2006 gleich zu einem Bestseller wurde. Außerdem schwamm das Buch auf einer

---

Rotbelegungen ist, es zugleich umso wahrscheinlicher ist, dass *innerhalb der Reihe* die Kugel tatsächlich irgendwann auf Rot fällt.

Welle, die sich seither verstärkt hat. Kirchenleute ereifern sich über Darwin, Biologen streiten über Gott. Das Wort „Atheismus" ist wieder schick, die fundamentalistischen Christen boomen. Der amerikanische Präsident wird wiedergeboren und glaubt an Armageddon. Islamische Glaubensritter schnallen die Selbstmordgürtel enger, während die Esoteriker aller Länder *Harry Potter* verehren, den Joseph Kardinal Ratzinger, nunmehr Papst, seinerseits für die Zersetzung des „Christentums in der Seele" schilt.

Dawkins' Buch ist Teil einer weltweiten Atmosphäre: Es herrschen Immanenzverblendung und Transzendenzwahnsinn. *Der Gotteswahn* heißt Dawkins' Buch im Deutschen, ein Titel, der nicht weniger platt ist als die im Buch abgedruckte Liste freidenkerischer Vereine geschmacklos. Denn damit wird suggeriert, dass der religiöse Mensch Hilfe braucht wie die misshandelte Frau, das Sektenopfer oder der Konsument harter Drogen. Und das ist, neben der relativ dummen Seite des *Gotteswahns,* seine relativ unsympathische: dass nämlich Dawkins in religiösen Haltungen immer nur etwas Wahnhaftes zu erblicken vermag.

Wieso sich der Gotteswahn in den aufgeklärten Gesellschaften nicht längst in einige dunkle Winkel psychiatrischer Anstalten zurückgezogen hat, bedarf natürlich der Erklärung. Sie liegt nach Dawkins, wie könnte es anders sein, in den Genen. Wir betreten hier das fragwürdige Gebiet der Neurotheologie, die zusammen mit der Soziobiologie zwei Dinge zu zeigen versucht: Erstens, der Gottesglaube hat eine überlebensdienliche Funktion, indem er noch in fast aussichtslosen Situationen Trost und damit Kraft spendet. Aber zweitens – und viel wichtiger –, er ist ein unvermeidlicher „Unfall der Evolution". Diese stattet gemäß Dawkins und anderen notorischen Glaubens-Erklärern, über die noch zu reden sein wird, unser Gehirn mit der Fähigkeit aus, Erfahrungssituationen von Anfang an sozial zu deuten (Mama, Papa). Dadurch werden wir von der Evolution auch zu Fehlleistungen verführt. Ordnung in der Welt wird vom menschlichen Gehirn spontan als Ausdruck eines dahinterstehenden Willens und einer damit verbundenen Absicht entschlüsselt. So entsteht der Glaube an einen Schöpfer, an Gott.

Das Unsympathische der „Dekonstruktionen", wie sie von Dawkins gegen die Religion in Stellung gebracht werden, ist nicht die genetische Erklärung des religiösen Phänomens an sich. Was der Fall ist, ist der Fall. Unsympathisch wirkt der durchlaufende Subtext: Was erklärt werden soll, ist der Gottesglaube *als* zwanghafte Fehlleistung des menschlichen Gehirns. Dawkins fühlt sich zu seiner Strategie berechtigt, weil er meint, die radikale Unvernünftigkeit des Theismus bewiesen zu haben.

Aber selbst wenn Dawkins dieses Ziel erreicht hätte (was nicht der Fall ist), würde aus dem Umstand, dass die Menschen aufgrund ihrer genetischen Ausstattung an Gott glauben, noch keineswegs folgen, dass es sich dabei um einen „Wahn" handelt. Es würde bloß folgen, dass die Menschen nicht recht haben. Da jedoch Dawkins' Anti-Gottes-Beweis für Dawkins' intellektuelle Verhältnisse ziemlich dumm und jedenfalls unschlüssig ist, folgt aus der genetischen Erklärung mit Bezug auf den Schöpferglauben gar nichts. Die Frage der *Entstehung* dieses Glaubens ist etwas grundsätzlich anderes als die Frage seiner *Wahrheit*. (Rechenkünstler sind oft Autisten, also Personen, die an einem angeborenen Gehirndefekt leiden. Das ändert nichts an der Richtigkeit ihrer Rechenergebnisse, *vorausgesetzt,* ihre Ergebnisse *sind* richtig.)

Dawkins als Widerleger Gottes erinnert ein bisschen an die Wadenbeißer unter den Geschöpfen Gottes, die, wenn sie erst einmal eine Wade zwischen den Zähnen haben, nicht und nicht wieder loslassen wollen, kläffen und wetzen und beißen und es der Frechheit, Dummheit und Lächerlichkeit der Wade zuschreiben, dass sie nicht endlich aufgibt (was immer das heißt: sich vom Knochen ablösen, zwischen den Zähnen hängen bleiben, einfach verschwinden). Kurz: Es ist etwas Verbissenes an der Art des für Dawkins typischen Atheismus. Ihm fehlen der Großmut und der großherzige Schwung der großen Seele, die Nietzsche seinem Zarathustra andichtete, als er am Eremiten vorüberging, ohne ihn mit der Nachricht zu behelligen, dass Gott tot sei. Aber die Natur Zarathustra-Nietzsches war ja auch noch nicht ein Riesenhaufen toter Materie, ihr innerstes Wesen war, bis in das letzte Atom des entferntesten Sternhaufens hinein, vitalstes Leben, jene Art von unbedingter Lust, die nur eines will: Ewigkeit. Nietzsches Natur war absolutes Leben und als solches göttlich, tausendmal lebendiger – so dachte Nietzsche enthusiastisch – als der blutleere Gott des Christentums, der angeblich die Liebe sein sollte und nichts als die Liebe.

Dawkins' Natur hingegen ist Chemie. Tot. Und der Atheismus der toten Natur kämpft dagegen an, dass ihm etwas tief Unverständliches innewohnt. Wie entsteht aus dem Toten das Leben? Wie ist diese allermysteriöseste Umkehr, die Leiter des Lebens hinauf bis hin zu einem Bewusstsein, das am Ende, zum wissenschaftlichen Geist geworden, die tote Materie als Ursprung allen Seins und Daseins postulieren wird, möglich? Man versteht die Aggressivität derer, die unter solchen Bedingungen Gott leugnen, das heißt, die einzige Quelle, aus der noch Geist, Leben, Bewusstsein sprudeln könnte.

Und das Allerseltsamste an dieser Geschichte der Selbstabtötung besteht nun aber darin, dass die inbrünstig gläubige Gegenseite den Ball aufnimmt: Wissenschaft gegen Wissenschaft. Wenn Gott existiert, dann muss er sich empirisch belegen lassen, nach allen Regeln der empirischen Kunst! Wo immer Dawkins diese Art von theologischer Wissenschafts-Mimikry im Dienste des Glaubens attackiert, löst sich die Verbissenheit in ein befreiendes Gelächter auf. Im lächerlichen Gegner darf man sich über die eigene Lachhaftigkeit des Glaubens an die tote Materie als das große Alpha der Welt hinweg amüsieren.

So erfahren wir, dass die renommierte christliche Templeton Foundation einen aufwendigen Doppelblind-Versuch an Herzpatienten durchführen ließ, und zwar, um herauszufinden, ob Gebete die Gesundung fördern. Die Eckdaten: sechs Kliniken, Gebetstrupps in den Kirchen von drei Gemeinden in Minnesota, Massachusetts und Missouri, 14 Tage lang „intercessory prayer", 1802 Patienten, 2,4 Millionen Dollar Kosten. Das wirklich komische Ergebnis ist im Tone strenger wissenschaftlicher Objektivität als Dokument für diese Welt aufbewahrt, nachzulesen im *American Heart Journal* vom April 2006: Solange man nicht weiß, dass für einen gebetet wird, ist es egal, ob für einen gebetet wird; sobald man allerdings weiß, dass für einen gebetet wird, geht es einem durchschnittlich schlechter als jenen, die nicht wissen, dass für sie gebetet wird ...

In der Passage „Das große Gebetsexperiment" atmen wir bei Dawkins die freie Luft eines freien Geistes, in dessen Gelächter über die menschliche Dummheit wir gerne einstimmen. Darüber hinaus freilich würde man Dawkins weniger von dem wünschen, was er bei sich selber Leidenschaft und bei anderen Fanatismus nennt. Aber die Zeit, als das Wünschen noch geholfen hat, ist vorbei: Gläubige und Atheisten stehen gemeinsam vor einer Welt der toten Materie, und während die einen darin nach Gott stöbern (und ihn nicht finden), werden die anderen nicht müde und dabei aber hysterisch, indem sie wieder und wieder beteuern: Da ist nichts weiter, nur Physik, Chemie, nur Strahlung, Kraft; da ist am Anfang im ganzen Universum nur allerextremste Lebensfeindlichkeit und plötzlich, nach einigen Milliarden Jahren, verflixt noch mal, Leben, Bewusstsein, Geist – freilich nicht, ohne hinzuzufügen: Das alles wird sich eines Tages noch irgendwie erklären lassen!

Spürt Dawkins den Wahnsinn, der im Atheismus der toten Natur rumort, nur dort, wo seine Erzfeinde, die Gottgläubigen, demselben

Götzen ihre Reverenz erweisen – um sich dann Gott als einen intelligenten Designer zu denken, der aus dem wüsten Anfang der Welt etwas Hübsches macht (auch das Leben, weiß der Teufel, wie)?[20] Es scheint so. Der Gott, der Richard Dawkins schuf, hätte an einigen Schräubchen seines brillanten Oxforder Widersachers durchaus noch ein wenig drehen können. Doch wie das Sprichwort sagt: *Nobody is perfect*.

III. Mein Kant

Das bringt mich unvermittelt zu Kant. Kant sei, so hieß es die längste Zeit, ein Großmeister der Verhirnung, der Philosoph der Drillkaserne – und ich habe schon einbekannt, im Grazer Studienwinkel dieses Vorurteil geteilt zu haben. Die Dialektiker der Aufklärung wiederum, namentlich Max Horkheimer und Theodor W. Adorno, sahen in Kant einen Vertreter der repressiven Vernunft. Man scheute sich nicht, Kants luzide Begriffspyramiden mit den obszönen Körperpyramiden eines Marquis de Sade zu vergleichen, um beide im Zickzack bei Auschwitz enden zu lassen. Wie freundlich war dagegen noch der Spott in den *Xenien* von Schiller und Goethe gewesen, die sich über Kants Lehre mokierten, wonach der wahre moralische Antrieb einzig die Pflicht sei: „Gern dien ich den Freunden, doch tu ich es leider mit Neigung,/ und so wurmt es mir oft, dass ich nicht tugendhaft bin."

Derlei Verständnisse und Missverständnisse scheinen zurzeit passé. Der Stern des Philosophen, der 1724 im preußischen Königsberg das Licht der Welt erblickt, um dort achtzig Jahre zu verweilen und zu sterben, ist heute heller am Strahlen als je zuvor – so hell, dass mir das schon wieder unheimlich wird. So hell sollte kein menschlicher Stern leuchten. *Anyway,* man müsse, ist von da und dort und sogar aus den Ecken der postmodernen Aufklärungsüberwinder zu hören, Kant neu lesen. Und dabei wird recht ernst dreingeschaut. Denn es gelte, so hört man, nach dem vielen Liebäugeln mit wildem Denken, Wahnsinn und radikaler Dekonstruktion, der Vernunft wieder den ihr ge-

---

20 In meinem Buch *Gibt es ein Leben nach dem Tod? Gehirne, Computer und das wahre Selbst,* München 2005, 113 ff, habe ich zwischen zwei Arten des Materialismus unterschieden: dem typisch neuzeitlichen Materialismus der toten Materie im Gegensatz zum „pneumatischen Materialismus". Dieser ist für die Vorstellungswelt der Antike, auch der atomistischen, prägend. Die Vorstellung einer „Materie", die nur noch von den seelenlosen (pneumafremden) Gesetzen der Physik und Chemie regiert wird, bleibt der ursprünglichen Form des Materialismus fremd.

bührenden Platz einzuräumen. Gefährlicher Irrationalismus beginne sich auszubreiten.

Franz Schuh, der Prophet aus Wien, hat bereits 2001, anlässlich seiner Besprechung meines Buchs *Der Weg nach draußen*, geschrieben: „Nach der Immanenzverblendung wird der Transzendenzwahnsinn kommen." (*Die Zeit*, 03/2001) Dem wäre bloß hinzuzufügen, dass es nicht nur den Wahnsinn der Transzendenz, sondern auch den der Transzendentalität gibt. Was immer der Unterschied zwischen beiden sein mag, der Glaube an das eine wie das andere ist der Glaube an etwas *Unzerstörbares im Menschen*.

In seinem Buch *Mein Zwanzigstes Jahrhundert* erzählt Ludwig Marcuse von einem Studienkollegen an der Freiburger Universität. Dieser, ein flammender Neukantianer, wird nach dem Ausbruch des Ersten Weltkriegs eingezogen und an die Front geschickt. Von dort schreibt er denkwürdige Zeilen. Der Schlachtendonner von 24 Batterien habe ihn fast taub gemacht. Trotzdem halte er nach wie vor daran fest, dass der dritten Kantischen Antinomie größeres Gewicht zukomme als dem ganzen Weltkrieg, der keine Veranstaltung der Vernunft, sondern der bloßen Sinnlichkeit sei. „Ich glaube einfach nicht daran, dass die Geschehnisse dieser Körperwelt unsere transzendentalen Bestandteile auch nur im Mindesten tangieren können, und werde nicht daran glauben, selbst wenn mir ein französischer Granatsplitter in den empirischen Leib fahren sollte. Es lebe die Transzendentalphilosophie!"[21]

Die dritte Kantische Antinomie, nachzulesen in Kants *Kritik der reinen Vernunft*, 1781/1787, handelt von der Spannung zwischen Kausalität und Freiheit. Die These lautet: Neben der Kausalität nach den Gesetzen der Natur gibt es einen Beweggrund aus Freiheit. Die Antithese lautet: Es gibt keine Freiheit, nur Ursache und Wirkung. Die Auflösung der Antinomie besteht laut Kant darin, dass die Freiheit des Menschen, bildlich gesprochen, ihren Ursprung jenseits der Erfahrungswelt hat. Da sich die Freiheit der Möglichkeit verdankt, aus Vernunftgründen statt aus Naturzwang zu handeln, wurzelt sie im Subjekt der Vernunft, das Kant „transzendental" nennt. Von dorther stammen die Anschauungskonzepte von Raum und Zeit, ebenso die grundlegenden Verstandesbegriffe, „Kategorien" genannt, unter ihnen die Kategorie der Kausalität. Darüber hinaus ist das transzendentale

---

21 Ludwig Marcuse: *Mein Zwanzigstes Jahrhundert*, Zürich 1975, 30; zitiert nach Rüdiger Safranski: *Ein Meister aus Deutschland. Heidegger und seine Zeit*, 2. Aufl., Frankfurt a. M. 2001, 72 f.

Subjekt – auf rätselhafte Weise – die Quelle jener Freiheit, die uns befähigt, in die ansonsten von Naturgesetzen beherrschte Welt einzugreifen: als selbstbestimmte Urheber unserer Handlungen.

Kant mag das Wort „Transzendenz" nicht. Die Transzendenz kommt vom Jenseits, also vom Aberglauben. Im Jenseits tummeln sich die Geister, zumal die der Toten, die fast so ausschauen wie die Lebenden, nur feinstofflicher, immaterieller. Das Jenseits als Transzendenz ist bestenfalls ein philosophisch verbrämter Abklatsch der Verhältnisse, die uns aus der Erfahrung wohlbekannt sind. Was Kant gegen die gesamte Metaphysik und Theologie seiner Zeit einwendet, und zwar mit einer Beharrlichkeit, die an das Bohren sehr dicker Bretter erinnert, ist Folgendes: Wer über Dinge spricht, die jenseits aller möglichen Erfahrung liegen, wie zum Beispiel die Existenz und das Wesen Gottes, begeht einen irreparablen Fehler. Er schreibt dem Transzendenten Merkmale zu, die ihm nur zukommen könnten, wenn die Transzendenz eine Art Diesseits wäre, also etwas, wohin unsere Erfahrung prinzipiell reicht. Auf diese Weise wird aus der Transzendenz eine verkappte Immanenz und aus den Aussagen, die sich auf sie beziehen, lauter pseudoempirischer Unfug und scheinbegrifflicher Unsinn.

Kants Abrechnung mit Emanuel Swedenborg, dem berühmtesten Visionär und Medium der damaligen Zeit, ist ein High Noon des Aufklärers. In den *Träumen eines Geistersehers,* 1766 publiziert, werden Leute vom Schlage Swedenborgs als „Kandidaten des Hospitals" abgefertigt. Der „scharfsichtige Hudibras", wohl aus dem gleichnamigen Versepos von Samuel Butler, wird genüsslich zitiert: „... wenn ein hypochondrischer Wind in den Eingeweiden tobt, so kommt es darauf an, welche Richtung er nimmt, geht er abwärts, so wird daraus ein F—, steigt er aber aufwärts, so ist es eine Erscheinung oder heilige Eingebung."[22]

Schon zwei Jahre zuvor widmete sich Kants *Versuch über die Krankheiten des Kopfes* einem Menschentyp, der als Fanatiker, Visionär und Schwärmer charakterisiert wird. Diagnose: geisteskrank. „Dieser ist eigentlich ein Verrückter von einer vermeinten unmittelbaren Eingebung und einer großen Vertraulichkeit mit den Mächten des Himmels. Die menschliche Natur kennt kein gefährlicheres Blendwerk." Denn die Schwärmerei, so Kant, veranlasse den Begeisterten zum Äußersten, sie bringe „Mahomet", den Propheten Allahs,

---

22 Immanuel Kant: „Träume eines Geistersehers, erläutert durch Träume der Metaphysik", in: *Kants Werke. Akademie-Ausgabe,* Bd. II, Berlin 1968, 348.

auf den Fürstenthron und Johann von Leyden (1509–1536), den Tyrann von Münster, der sich „König von Zion" nannte, aufs Blutgerüst.[23]

Unter den Aufklärern wird Kants Argument zur Standardfigur. Nicht nur der harmlose Swedenborg, auch der Prophet Mohammed ist verrückt. Man kann sich ausrechnen, wie es um andere Religionsgründer steht. Weil indessen das Volk anfällig bleibt für derlei Gestalten und ihre Visionen, lässt sich mit ihnen schlimme Politik machen. Auf der einen Seite kommen Phantasten zur Macht und Herrschsüchtige, die sich des Aberglaubens bedienen, um die Massen auszubeuten. Auf der anderen Seite entsteht ein Märtyrertum, das sich ebenfalls ideologisch scharfmachen lässt. In jedem Fall ist der Glaube an die Transzendenz aus der Perspektive des Aufklärers dumm und schädlich.

Und der Glaube an die Transzendentalität? Das ist eine Geschichte mit Facetten. Kant dachte, dass jede Erfahrung untrennbar aus zwei Elementen besteht, einem qualitativ sinnlichen und einem formgebenden. Beim Versuch, ihren Ursprung zu ergründen, stoßen wir laut Kant auf ein jeweils Letztes, das sich nicht mehr durch Erfahrungsbegriffe ausdrücken lässt. Deshalb das Beiwort „transzendental". Wir stoßen einerseits auf ein transzendentales Ding – das berühmte „Ding an sich" – und andererseits auf ein transzendentales Subjekt. Das eine wie das andere liegt den Bestimmungsstücken, aus denen unsere Erfahrungen zusammengeschweißt sind, „zum Grunde", ohne selbst näher bestimmbar zu sein.

Es wurde oft bemängelt, dass Kants Lehre an diesem Punkt zugleich dunkel und nichtssagend sei. Darüber hinaus, so könnte man meinen, ist sie an Trockenheit nicht zu überbieten. Doch weit gefehlt. Wie uns die intellektuellen Ekstasen der Transzendentalitätsritter bescheinigen, ist die kantische Variante des Jenseits keineswegs bloß eine Konstruktion auf dem Papier. Der Kantianer als Schwärmer tritt immer wieder einmal in Erscheinung. Er glaubt mit Inbrunst daran, dass ein Granatsplitter, der seine Glieder zerfetzt, seinen transzendentalen Bestandteilen nichts anhaben kann.

Freilich diejenigen, die sich heute, nach all den postmodernen Ausschweifungen, auf Kant besinnen, sind in der Ausnüchterungsphase. Sie sind keine Glaubensritter der Transzendentalität, im Gegenteil, sie sehnen sich nach dem Staubtrockenen. Sie sehen Kant nicht durch die Brille des Helmuth Falkenfeld – so der Name des

---

23 Kant: „Versuch über die Krankheiten des Kopfes", in: loc. cit, 267.

Studienkollegen, dem Ludwig Marcuse ein Denkmal setzte –, sondern durch jene des Jürgen Habermas (mir fällt kein Würdigerer ein): postmetaphysisch, diskurstheoretisch. Die Transzendentalisten-Gemeinde wird zum offenen Arbeitskreis. Auf die kantische Frage: „Was darf Helmuth Falkenfeld hoffen für den Fall, dass ihm ein Granatsplitter in den empirischen Leib fährt?", antwortet die Sektion Lebenskunst: „Einen raschen schmerzlosen Tod." Keine Hoffnung mehr auf ein Unzerstörbares durch alle Verletzbarkeit, alle Vergänglichkeit hindurch; keine Hoffnung auf Erlösung aus dem Kerker der Immanenz.

Nun ist es nicht regelrecht eine Untugend – obwohl, eine Tugend ist es auch nicht gerade –, sich selbst zur Staubtrockenen-Fraktion zu bekennen und andere zum Credo der Ausgenüchterten bekehren zu wollen. Dennoch muss man aus Gründen der historischen Redlichkeit festhalten, dass es mit der Trockenheit Kants eine Bewandtnis hat, die sich der neuen Nüchternheit widersetzt. Kants *Beantwortung der Frage: Was ist Aufklärung?* aus dem Jahre 1784 wirkt zwar, für sich betrachtet, prosaisch genug. „Aufklärung", so lautet der erste, zur Gänze gesperrt gedruckte Satz von Kants programmatischer Schrift, „ist der Ausgang des Menschen aus seiner selbst verschuldeten Unmündigkeit." Das klingt nicht wie die Fanfare am Anbruch einer neuen Epoche. Doch für Kant geht es um viel zu viel, als dass er sich Töne gestatten würde, die ihm leicht als vorlaut ausgelegt werden könnten. Es geht ihm um die Würde des Menschen. Diese, so sagt er in gedrechselt moderatem Deutsch, wird permanent verletzt, solange die Obrigkeit ihre Bürger daran hindert, über die Angelegenheiten der Religion und des Staates öffentlich zu räsonieren. Hingegen sind die Grundsätze jener Regierung weise, „die es ihr selbst zuträglich findet, den Menschen, der nun *mehr als Maschine* ist, seiner Würde gemäß zu behandeln"[24].

Das ist, wenn ich so sagen darf, mein Kant. Jener Kant, der die Würde des Menschen aus der Maschinenwelt zu retten sucht, indem er sie an einem Punkt festmacht, wo keine Maschine, sei es Newtons Universum oder der Apparat des Staates, hinreicht. Tatsächlich verwendet Kant für beide Reiche des Gesetzes, das Reich der Natur wie das der Staatsmacht, den Begriff „Maschine" metaphorisch hoch aufgeladen. In der Maschine sind wir Rädchen, die vom Funktionieren des Ganzen abhängen und ihm dienen. Die Würde hingegen ist Aus-

---

24 Mit dieser Formulierung endet Kants Schrift *Beantwortung der Frage: Was ist Aufklärung?*

druck unserer Vernünftigkeit und Freiheit, die bei Kant innerlich zusammengehören. Vernunft ist nur möglich, wo man sich seines Verstandes selbsttätig, aus freien Stücken bedient; und Freiheit ist nur möglich, wo man sich durch Vernunftgründe zwanglos motivieren lässt. So hängt Aufklärung bei Kant ganz und gar daran, dass das Reich der empirischen Tatsachen, die *beyond freedom and dignity* sind, eben nicht schon das Ganze des Seienden ausmacht, wie die Positivisten seit jeher meinen. Aufklärung nach Kant ist nur möglich unter der Voraussetzung, dass es einen metaphysischen Ursprungs-Ort der Trinität Würde/Vernunft/Freiheit gibt. Dieser ortlose Ort ist das „transzendentale Subjekt", was zugegebenermaßen bloß ein Wort für ein Mysterium ist.

Kant, der angebliche Metaphysikzertrümmerer, umkreist das Mysterium unentwegt. Eine seiner Formulierungen des Kategorischen Imperativs lautet: „Handle so, dass du die Menschheit, sowohl in deiner Person, als in der Person eines jeden andern, jederzeit zugleich als Zweck, niemals bloß als Mittel brauchest." (*KrV* BA 66, 67) Die Menschheit ist hier kein Erfahrungsbegriff! Sie ist vielmehr das freie – transzendentale – Subjekt der Vernunft, das zugleich ein Zweck an sich ist, ein letzter Wert, der die Würde des Einzelnen konstituiert. In seiner Spätschrift *Die Religion innerhalb der Grenzen der bloßen Vernunft* (1793) fährt Kant mit den Betreibern von – wie er sagt – Afterreligion und Fetischdienst Schlitten. Er weigert sich, einen Unterschied zu machen zwischen dem Schamanen, der an die Schutzmagie von Bärenfellmützen glaubt, und dem modernen „Independenten aus Connecticut".[25] Gleichzeitig spricht er von der „wahren Kirche" und meint damit die Menschheit, die deshalb gottgefällig lebt, weil sie in Ausübung ihrer praktischen Vernunft um das Sittengesetz besorgt ist. Dass der Aufklärer Kant den moralischen Gehalten des Christentums Anerkennung zollt, tut der Schärfe keinen Abbruch, mit der er darauf beharrt, dass ein Gott, der vom Menschen dogmatisch und rituell Widervernünftiges fordern wollte, kein Gott, sondern ein Dämon wäre.

Man sieht, dass in der Idee des transzendentalen Subjekts bei Kant mehr steckt, als er gelegentlich selbst zuzugeben bereit war. Kants Sorge bestand nicht zuletzt darin, wie man die Aufklärung davor bewahren könnte, eine bloßes Instrument des politischen Kampfes zu werden. Wenn die zentralen Werte der Aufklärung kein objektives

---

25 Kant: „Die Religion innerhalb der Grenzen der bloßen Vernunft", in: *Kants Werke. Akademie-Ausgabe*, Bd. VI, Berlin 1968, 176.

Fundament im Wesen des Menschen hätten, der Mensch also kein Zweck an sich wäre, dann müssten Würde, Vernunft, Freiheit notgedrungen mit der empirischen Egozentrik persönlicher und lobbyistischer Interessen verschmelzen. Dem Zynismus des Machtspiels, das die Moral als Waffe benützt und ansonsten verachtet, ließe sich nichts mehr entgegenhalten.

Dagegen mag man vom Standpunkt des wissenschaftlichen Weltbildes aus einwenden, Kants Transzendentalismus sei selbst noch eine Art Restreligion. Im Namen des Projekts Aufklärung sollte von ihr Abschied genommen werden. Der Kant freilich, der mir nach mehr als 200 Jahren noch aktuell scheint, ist nun aber gerade jener, *der uns die Grenze des wissenschaftlichen Weltbildes vor Augen führt, ohne sich deshalb dem Obskurantismus zu ergeben.* So gesehen will uns der Begriff des Transzendentalen dafür sensibilisieren, dass die Werte, denen die Aufklärung ihre Autorität und Rechtfertigung verdankt, *nicht innerhalb der Maschine entstehen können,* die zuinnerst Mechanismus und Macht ist. Man möchte, an eine Formulierung Wittgensteins anschließend, sagen: Jene Werte sind nur etwas wert, wenn sie nicht von dieser Welt sind.

Bin ich Atheist? Sagen wir so: Jedenfalls nicht in dem Sinne, in dem Dawkins oder Dupré Atheisten sind. Sie sagen: Gott existiert nicht. Ich sage: Ich weiß nicht, was dieser Satz bedeutet, für mich klingt er so, als ob er sagen wollte: „Es existiert nichts", und das ist der sinnloseste aller Sätze über die Existenz von etwas. Atheisten à la Dawkins und Dupré hingegen sagen: Würde Gott existieren, dann wüssten wir das mittlerweile. Entweder er hätte sich uns gezeigt (bei Dupré, indem er zur Erde niedergestiegen und mit wallendem Gewand das Wunder des Weltfriedens gewirkt hätte); oder wir hätten ihn irgendwo entdeckt, und sei es nur, indem wir den indirekten Spuren seines Wirkens im Kosmos auf die Schliche gekommen wären. Der neue alte schicke Atheismus hat einen unverblümt empirischen Touch. Das eben ist praktizierter Naturalismus; für mich hingegen ist es wissenschaftlicher – oder soll ich sagen: pseudowissenschaftlicher – Infantilismus. Denn obwohl ich denke, dass es nicht akkurat falsch wäre, mich in einem bestimmten Sinne als Atheist zu bezeichnen (es ist mir aus philosophischen Gründen unmöglich, an einen *persönlichen* Gott zu glauben[26]), scheint mir, um es so direkt wie

---

26 Zu diesen Gründen habe ich mich ausführlich in einer Reihe von Schriften geäußert, besonders in *Der Gott aller Menschen. Eine philosophische Grenzüberschreitung,* Graz/Wien/Köln 2002, 105 ff („Logik des Absoluten") und *Theorie der Erlösung.*

möglich zu sagen, in einem anderen Sinne die Existenz Gottes – oder des Göttlichen – doch unbestreitbar und evident.

Denn es existiert etwas und nicht vielmehr nichts; es existiert die Welt. Und das, was die Welt ins Sein bringt und im Sein erhält, ist ein Mysterium, das Mysterium der Schöpfung, in das der endliche Geist von Anfang an begrifflos miteinbezogen ist. Aber deshalb steht der Geist, dem die Begriffe fehlen, nicht vor einem Nichts. Ja, mehr noch: Es ist dem menschlichen Geist zuinnerst mitgegeben, sich seines begrifflosen Miteinbezogenseins in das Mysterium bewusst zu werden und über eben diese seine Begrifflosigkeit nachzudenken – als ob er, will er sich selbst nicht verleugnen, blindseherisch einen schwindelerregenden Abgrund überschreiten müsste. *Abyssus abyssum invocat*. Der Abgrund ruft nach dem Abgrund, beschwört ihn und beschwört ihn herauf. Dieser Abgrund, in dem sich der menschliche Geist selbst verliert, in dem er jederzeit „stirbt", ist zugleich seine tiefste Sehnsucht. Dort will er sich finden. Er weiß, dass er, durch alle menschlichen Differenzierungen hindurch, die wissenschaftlichen nicht ausgenommen, nirgendwo anders bei sich selbst sein kann.

Hier walten komplexe Modalitäten. Das wussten die Alten ebenso wie die großen Idealisten; und Kant wusste es vielleicht am besten. Wenn ich den neuen Atheismus recht verstehe (und von Dupréschen Sonntagsreden einmal absehe), dann verbietet sich der Naturalist im

---

Eine Einführung in die Religionsphilosophie, München 2006, 97 ff („Gott als Schöpfer und Gott als Welt"). Es ist wahr: Wenn wir uns Gott als Schöpfer und Grund der Welt denken, dann sind wir logischerweise dazu verpflichtet, die religiöse Metapher personalistisch zu formulieren. Das heißt, dass wir, *dürften* wir uns Gott nach dem Modell des handelnden Menschen denken, der etwas hervorbringt, uns Gott als eine Art Person denken *müssten*. Aber dürfen wird das? Nein, nicht im üblichen Sinne des Wortes „Person". Denn erstens: Gott, nachmythologisch gedacht, belegt keinen bestimmten Ort im Raum; er ist außerdem zeitlos. Er „übersteigt" also akkurat jene Eigenschaftsdimensionen, an die sich für uns endliche Wesen ein Individuierungsvorgang anknüpfen ließe – jener Vorgang, der es erst ermöglicht, irgendein Objekt (einschließlich des Subjekt-Objekts, das ich selbst bin) als die-und-die Person (als Peter Strasser) zu begreifen. Und zweitens: Definieren wir Gott als das vollkommene, vollkommen unbegrenzte und deshalb allumschließende Wesen, dann ist es schlechterdings nicht vorstellbar, dass Gott etwas „außer sich hat", das ihm „gegenübersteht", zum Beispiel seine eigene Schöpfung. Gottes „Schöpfung" muss, auch wenn dies rational unaufschlüsselbar bleibt, als eine Form göttlicher Selbstentfaltung gedacht werden, nicht als eine Abspaltung vom Wesen Gottes. Wir bewegen uns hier im Feld religiöser Metaphern über das Absolute, welche zwar nicht willkürlich sind, aber dennoch die Begriffe, die in ihnen zentral vorkommen, aus ihrer Normalbedeutung herausdrehen und sie zu Chiffren werden lassen, die sich gegensinnig verhalten oder ins Leere zu deuten scheinen. Vgl. dazu auch meine Bemerkungen weiter untern im Text (97 ff).

Namen einer fugendicht abgeschlossenen Endlichkeit („Immanenz") das Mysterium und seine Ableitungen: Gott, das Absolute, die Transzendenz; endlich auch alles Transzendenzhafte – „Transzendentale" –, ob die objektive Realität, das objektive Ich oder den objektiven Wert. Denn das sind lauter „Grenzdinge", Dinge am uneinholbaren Horizont des Sagbaren, über deren Existenz oder Nichtexistenz keine Subjektivität mehr entscheidet, auch nicht die des nach strenger Objektivität strebenden Wissenschaftlers.

Kant und seine Ausleger heißt ein Stück in den *Xenien*. Es lautet: „Wie doch ein einziger Reicher so viele Bettler in Nahrung/ setzt! Wenn die Könige baun, haben die Kärrner zu tun." Angesichts der beflissen vertraulichen Art, die neuerdings dem Solitär Kant entgegengebracht wird, hat man den Eindruck, die Kärrner wollen sich in ihren weltanschaulichen Notunterkünften wieder ein bisschen wie Könige fühlen: ganz von dieser Welt, dem Göttlichen dennoch nicht gänzlich unverwandt. Falls das hilft, warum nicht?

B. DAWKINS' KONTEXT
(NEUE GÖTTER, ALTE GEHIRNE)

Matrix Revolutions, *das Finale der* Matrix-Trilogie, *spielte in den ersten fünf US-Lauftagen 200 Millionen Dollar ein. Zu Unrecht, sagen manche. Denn der Film behauptet, ein Messias namens Neo werde die Welt von den Maschinen erretten. Das ist Seinskitsch, sagen manche. Sie berufen sich auf einen streng gehüteten Nachtrag, den der Seinsphilosoph Martin Heidegger zu seinem berühmten Interview für das Nachrichtenmagazin* Der Spiegel *verfasst hatte. Erst ein kürzlich entdecktes Dossier des ehemaligen Herausgebers, Rudolf Augstein, brachte Aufschluss.*

Heideggers Interview erschien 1976, posthum. Seither galt der folgende Satz des Philosophen als sein geistiges Vermächtnis: „Nur noch ein Gott kann uns retten." Was niemand wusste, war, dass Heidegger schon lange nicht mehr daran glaubte, dass sich Gott als das Sein des Seienden denken ließe. Vielmehr hegte er den Verdacht, dass Gott eine doppelgängerische Existenz führte. Das war der auslösende Funke für seine Theorie des Gestells, die seinerzeit niemand verstand. Das Gestell, wohl eine Technologie des Seins, wurde demnach von mächtigen Aliens – Heidegger nannte sie „die Seynsmächtigen", mit „y" – dazu benutzt, Gott selbst zu klonen. Auf die Frage, welchen Sinn es habe, Gott zu klonen, soll Heidegger in vertraulichen Gesprächen geantwortet haben: „Um IHN zu demütigen."

Folglich bestand das Ziel der mächtigen Aliens darin, Gott wissen zu lassen, wie es ist, eine Kreatur zu sein. Womit die Außerirdischen freilich nicht gerechnet hatten, war die doppelte Rache Gottes. Gott Nr. 1, das Urbild, zog sich ins tiefe Sein zurück, um nicht in der Anschauung seines eigenen Abbildes verharren zu müssen. Hingegen trat Gott Nr. 2, der Klon, in die Lichtung der Welt hinaus und erzeugte durch Selbstklonung das menschliche Geschlecht. Wir alle sind minimierte Götter.

Daraus geht hervor, dass wir keineswegs, wie Heidegger aus purem Wunschdenken behauptete, die „Hüter des Seins" sind. Wir sind vielmehr Geschöpfe der Rache, die Doppelgänger eines Doppelgängers, die Spiegelbilder eines Gedemütigten. Das ist die Wahrheit der metaphysischen Abbildtheorie. Ihr galt der Nachtrag des berühmten Interviews. Darin stand, in eckigen Klammern, das Wort „Korrektur", gefolgt von einem einzigen Satz: „Nur noch ein Original kann uns retten."

Die Wenigen, die den Satz kannten, hielten ihn für eine beschämende Plattheit. Ausgenommen Augstein, der Heidegger im Geheimen mehrfach konsultierte. Aus FBI-, CIA- und NSA-Quellen glaubte der Spiegel zu wissen, dass die mächtigen Aliens im Begriffe waren, eine Weltschattenregierung zu etablieren. Blieb die Frage, welche Rolle wir, die Vertreter der Spezies Homo sapiens sapiens L. dabei spielen sollten. Gewisse Erkenntnisse der Soziobiologie aus den 1980er Jahren brachten schließlich Licht ins Dunkel. Im Drama des Seins geht es nicht um uns; wir sind bloß Überlebensmaschinen für unsere Gene. Das hatte Heidegger geahnt und an der Philosophie verzweifeln lassen: Niemand kann hierorts, auf Erden, ein Original sein. Das Gestell ist alles.

Die Matrix-Fans sehen das anders: Neo ist eine Inkarnation des Gottes Nr. 1. ER wird alle retten, nur Heidegger, den Ungläubigen, nicht.

„Die Matrix und das Gestell", aus: *Die vorletzten Dinge*, 2006

IV. Die Restauration Gottes

Die Schwäche des Gottes aller Menschen. – Soviel steht fest: Aufklärung und Mythos sind unverträglich.[27] Man könnte sagen, das sei ja gerade das Wesen der Aufklärung, dass die Frage nach der Wahrheit unabhängig davon gestellt wird, was man traditionell für wahr hält, während der Mythos im Wesen tradierte Erzählung ist. Für den Mythos, so könnte man sagen, ist nichts wahr, was keine Deckung durch eine Tradition findet. Deshalb sind, nebenbei gesagt, Mythenbrüche unter der Herrschaft des Mythos extrem gefährlich und nicht selten von Gewaltausbrüchen begleitet. Propheten, die sich zu Stiftern einer neuen Religion aufschwingen, tun gut daran, sich direkt unter die Schirmherrschaft Gottes zu stellen. Denn nur Gott selbst ist noch heiliger als die Tradition, die einen Mythos gestiftet hat.

Die Vorstellung, die sich die Menschen von Gott, den Göttern oder dem Göttlichen machen, ist also eine grundlegend andere, je nachdem, ob sie im Rahmen eines mythologischen Weltbildes formuliert wird oder nicht. Eine aufgeklärte Gottesvorstellung ist stets und notwendig postmythologisch, ob es sich dabei nun um die antike Aufklärung handelt, wie sie sich bei Platon und Aristoteles findet, oder um die neuzeitliche, die unser Weltbild prägt. Dabei legt die

---

27 Hier ist vom Prinzipiellen die Rede – der Episteme, wenn man so will –, nicht davon, dass es in der Realität eine scharfe Grenze zwischen Mythos und Aufklärung keineswegs gibt. Auch ist zu bedenken, dass Aufklärung und Mythos einander häufig befruchten, wovon ein Großteil der heutigen Theologie, Religionsphilosophie und Kulturwissenschaft Zeugnis ablegt.

postmythologische Gottesvorstellung auf die Transzendenz Gottes größten Wert. Das bedeutet, diese Vorstellung weiß, dass es prinzipiell inadäquat ist, sich Gott als eine in Raum und Zeit wirkende Gestalt oder Macht zu denken.

Kant hat es am klarsten formuliert: Gott ist kein möglicher Erfahrungsgegenstand. Im Grunde finden wir diese Haltung schon in Ciceros Vorträgen *De natura deorum,* entstanden 44 v. Chr. Dort stechen Stoiker und Epikureer einander wechselseitig aus, weil und insofern ihre Theologie die Götter noch weitgehend nach dem Modell irdischen Denkens, Wollens und Handelns veranschaulicht. Zugleich jedoch ist Ciceros eigene Haltung, die er einen Vertreter der Neueren Akademie vortragen lässt, ganz und gar nicht aufgeklärt im modernen Sinne. Denn er benützt die Haltlosigkeit metaphysischer Spekulationen über Gott, um auf der Verbindlichkeit einer *theologia civilis* zu bestehen. Diese Form der Theologie geht von der im Volk verankerten religiösen Tradition aus, weil die Tradition allein es ist, die dem Bestand des Staates, der Legitimität seiner Führer und dadurch dem Wohl der Allgemeinheit am besten dient. Als Philosoph steht Cicero über dem Mythos, denkt universal; als Staatsmann bleibt er theologischer Regionalist.

Das bringt uns zu einem weiteren wesentlichen Punkt, der mit dem Verfall des mythologischen Denkens langfristig verbunden ist – ein Punkt, der sich aus der Dissonanz zwischen dem Menschsein an sich und dem theologischen Regionalismus ergibt. Man kann sagen, dass jede Aufklärung einerseits die reale Vielfalt der Menschen entdeckt (im Gegensatz zu dem Schema „wir und die anderen"), während sie andererseits entdeckt, dass alle Menschen mit denselben Grundbedürfnissen, Gefühlsmöglichkeiten und Vernunftpotentialen ausgestattet sind. Deshalb unterstützt die Aufklärung machtvoll den Gedanken, dass alle Menschen mit Bezug auf die grundlegenden Aspekte ihres Menschseins gleich sind und dass sich aus ebendiesen Aspekten der Gleichheit, und nicht aus irgendwelchen diskriminierenden Traditionen, die gleichen Rechte aller Menschen ergeben. Theologischer Regionalismus bedeutet hingegen: Die Götter protegieren eine bestimmte Tradition, der eine Gott erwählt ein bestimmtes Volk zur Vorherrschaft über die „anderen", die „Ungläubigen" oder „Heiden". Mit der prinzipiellen Gleichheit der Menschen ist dieser Gedanke unvereinbar. Der Gott der Aufklärung ist ein globaler Gott – der Gott aller Menschen. In seinem Namen Missions- und Glaubenskriege zu führen, ist geradezu Gotteslästerung.

Nun wurde schon oft bemerkt, dass der Gott aller Menschen *ein schwacher Gott* ist. Er ist deshalb von religiöser Seite aus oft verdächtigt worden, eigentlich gar kein Gott zu sein, vielmehr eine blasse Ausgeburt des Intellekts, eben der „Gott der Philosophen". Denn der universalisierte Gott zeigt jedenfalls drei begriffliche Merkmale: Erstens, er ist ein postmythologischer Gott, das heißt, er ist im strengen Sinne transzendent, also kein möglicher Gegenstand der Erfahrung. Zweitens – und damit zusammenhängend –, er verlangt vom Menschen nichts, was dessen Vernunft widerspräche. Und drittens, Gott tut nichts, noch verlangt er etwas, das den ethischen Prinzipien, die der Mensch als allgemein zu erkennen vermag, zuwiderliefe.

Diese Postulate ergeben sich (das wird nicht immer klar gesehen) aus der Universalität des postmythologisch gedachten Gottes. Solange es als natürlich empfunden wird, dass Gott, der Herrscher von Himmel und Erde, die menschliche Vernunft demütigen und die menschliche Moral verletzen darf, bedarf es zugleich ausgezeichneter Medien, eben der Erleuchteten, Auserwählten, schließlich der Priester und ihrer Kirche, um zwischen wahrer und falscher Offenbarung, zwischen den Attacken der falschen Götter, einschließlich des Teufels, und den Taten des wahren Gottes zu unterscheiden. Damit wird der Glaube zu einer Angelegenheit nicht aller Menschen, sondern einzig der zum Glauben Bereiten – also jener, die auf den bloßen Glauben hin bereit sind, als gottgegeben und gottgewollt anzuerkennen, was doch dem allgemein menschlichen Einsichtsvermögen widerspricht.

Deshalb ist der Gott aller Menschen auch nicht ohne weiteres als ein personartiger Schöpfer zu denken, wie dies der biblische Mythos tut. Denn zum einen würde dadurch aus Gott der Dämon, vor dem schon der christlichen Gnosis graute, weil er der Erzeuger all jener Weltübel wäre, welche die Erde für den Menschen zum sprichwörtlich „finsteren Tal" werden lassen, das es zu durchwandern gilt. Und zum anderen wissen wir heute, dass die zentralen Annahmen der Schöpfungsmythologie, werden sie nur hinreichend wörtlich genommen, unzutreffend sind. Auf die Frage, ob Gott den Menschen geschaffen habe, ist die erfahrungsgeleitete Antwort der wissenschaftlichen Vernunft ein klares Nein, vorausgesetzt, man nimmt das Konzept „Schöpfung" so, wie es im biblischen Buch Genesis ausgeführt wird.

Der Gott aller Menschen ist also, mit Bezug auf unsere Sinn- und Erlösungsbedürfnisse, ein schwacher Gott: Auch wenn wir bereit sind, seine Spuren in der Welt zu finden und anzuerkennen, handle es sich um das Mysterium des Geistes, der sich seiner selbst bewusst wird, um die Verkörperungen des Guten und Schönen oder um das pure Wunder und den unvorstellbaren Reichtum der Existenz – auch dann bleibt uns nicht erspart, uns jenseits des Wunder- und Aberglaubens mit dem Gegebenen abzufinden. Es gibt Hunger, Krebs und Tod. Während gegen Hunger und Krebs kein Beten hilft, sondern, wenn überhaupt, nur die Technologie, hilft gegen den Tod auf lange Sicht auch Letztere nicht. Und während der Gott des Mythos noch in der Lage war, uns ein ewiges Leben (freilich ebenso die ewige Verdammnis) in Aussicht zu stellen, kommen wir unter postmythologischen Vorzeichen nicht darum herum, die Gebundenheit unseres individuellen Selbst an die Funktionen unseres sterblichen Gehirns anzuerkennen.

Es ist den Menschen noch nie leicht gefallen, ohne die Tröstungen des starken, mythologischen Gottes zu leben. Ja, es darf nicht übersehen werden, dass der Untergang dieses Gottes geeignet ist, Kollektivängste zu mobilisieren, deren Überwindung dazu führen mag, dass der Mensch sich in die Rolle eines gottgleichen Kämpfers gegen die ihn ständig bedrohenden Gefahren hineinzusteigern beginnt. Es gibt einen Gefühlsunterstrom, der so disparate Dinge wie Hochleistungsmedizin, Atomreaktoren, den futuristischen Krieg der Sterne und technologisch basierte Unsterblichkeitsphantasien miteinander verbindet. Dieser Unterstrom lässt die Welt als einen prinzipiell unfriedlichen Platz erscheinen, an dem der Kampf ums Überleben alle Teile des Lebens umfasst, weswegen alle sozialen Institutionen nach dem Modell der freien Konkurrenz und einer anpassungsoptimierten Auslese mobil gemacht werden müssen.

Natürlich ist das nicht die einzige Option jenseits des Mythos, dessen tröstliche Wirkung ohnehin nur anhält, solange die mythologische Illusion nicht durchschaut wird. Und natürlich sind die Gewalten, die der Mythos in der gesamten Geschichte der Menschheit freisetzte, nicht weniger destruktiv gewesen als jener technische Weltbezug, der, nach einer heiklen Formulierung Martin Heideggers, den „Ackerbau als motorisierte Ernährungsindustrie" ebenso möglich machte wie die „Fabrikation von Leichen in Gaskammern".[28]

Aber eine friedvolle Einstellung zu den Dingen der Welt wird nur errungen werden können, wenn es zumindest jenen Kulturen, die sich auf hohem technischen und zivilisatorischen Niveau als Erben

---

28 Vgl. Martin Heidegger: „Das Ge-Stell", in: *Bremer und Freiburger Vorträge*, Gesamtausgabe Bd. 79, Frankfurt a. M. 1994, 27.

der Aufklärung etablierten, einigermaßen gelingt, den Rückfall in die latent oder offen vernunftfeindlichen Trostversprechen des Mythos zu verhindern.

***

Grenzen der Säkularisierung und neureligiöse Vielfalt. – Heute stellt sich mehr und mehr heraus, dass die Macht der Vernunft weniger durchschlagend ist, als man das im 20. Jahrhundert noch erwarten durfte. In der Zeitschrift *The Atlantic Monthly* vom Dezember 2005 schildert Paul Bloom, Psychologe und Linguist an der Yale University, die amerikanische Glaubenssituation, wie sie sich aus Umfragen ablesen lässt. Demnach glauben 96 Prozent der US-Amerikaner an Gott, davon mehr als die Hälfte zugleich an Wunder, Engel und den Teufel. Die meisten glauben außerdem an ein Leben nach dem Tod, und zwar in dem handfesten Sinn, dass man sich *post mortem* mit seinen Verwandten wiedervereinigen wird, um gemeinsam Gott zu begegnen.

Dabei ist die oft behauptete Differenz zwischen Amerikanern und Europäern vermutlich nicht so groß, wie sie auf den ersten Blick zu sein scheint. Neueste Umfragedaten in Österreich zeigen, dass im Jahre 2006 mehr Menschen daran glaubten, dass es Wunder gibt (48%), als dass der Urknall stattgefunden hat (35%) – obwohl der Niedergang der hochreligiösen Bindungskräfte daraus hervorgeht, dass in einem Land wie Österreich, in dem 85 Prozent der Bevölkerung monotheistischen Religionsgemeinschaften angehören, dennoch bloß 47 Prozent an Gott glauben. Das gilt freilich nicht, wenn man den Blick auf das katholische Polen richtet, wo 94 Prozent der Menschen an den christlichen Gott und nicht viel weniger daran glauben, dass Jesus der Sohn Gottes ist.[29]

Was Westeuropa betrifft, so sticht *ein* Unterschied zu den USA besonders ins Auge: der Kirchenbesuch, der in den Vereinigten Staaten floriert. Das hat wesentlich damit zu tun, dass ein rigoroser freier Markt die US-religiösen Sitten prägt. Die verschiedenen Denominationen *(churches)* werben aktiv um Mitglieder und verbessern dabei ständig die Attraktivität ihrer religiösen „Angebote". Vergleichbares findet in Europa nicht statt, wenn es darum geht, die Gotteshäuser zu füllen.

---

29 Quelle: *Die Presse*, 11./12. März 2006, Seite 1, „Woran glauben die Österreicher?", Bericht über die neueste Studie des Imas-Instituts.

Abgesehen davon zeigen sich jedoch mitunter erstaunliche Parallelen, auch wenn, vom europäischen Standpunkt aus gesehen, die amerikanischen Bekenntnisattitüden einer gewissen Exzentrik nicht entbehren. In den USA gibt es beispielsweise eine politische Gruppe, bestehend aus Hardcore-Christen, von denen 51 Prozent glauben, Gott habe den Juden Israel gegeben, damit sich durch Israels Existenz die Prophezeiung von der Wiederkunft Christi am Ende der Zeiten, *the second coming*, erfüllen könne. Diese Glaubensfraktion besteht nicht etwa aus ultrakonservativen Republikanern; nein, es handelt sich laut Bloom um die Gruppe der Afro-Amerikaner unter den Demokraten.

Und wie steht es mit den US-Wissenschaftlern, also, wie man meinen könnte, der Speerspitze der Aufklärung? Vergleichbar den Ergebnissen vor Jahrzehnten bekennen sich heute etwa 40 Prozent der *scientists* nicht zu irgendeinem, wie die Kritiker es sehen, nebulosen Gott aller Menschen, sondern zum Gott der Bibel: „they insisted on a real biblical God, one believers could pray to and actually get an answer from". Nur wenn man auf die kleine Gruppe der am höchsten rangierenden Elitewissenschaftler fokussiert – das sind die Mitglieder der Nationalen Akademie der Wissenschaften –, findet man eine klare Mehrheit an Atheisten und Agnostikern.[30]

Die Ergebnisse aus dem Land der unbegrenzten Möglichkeiten zeigen, sofern sie nicht einfach die Fortführung mythischer Traditionen unter der Bedingung teilweise hoher Unbildung sind, einen deutlichen Hang, in der Religion aufgeklärte und universalistische Muster *abzuschwächen*. Ja, der unglaubliche Aufschwung an Sekten, Esoteriken, verspielten bis harten Formen des Aberglaubens und nicht zuletzt die erneute Attraktivität des religiösen Fundamentalismus lassen manche Kommentatoren bereits fürchten, wir stünden mitten im rationalen Westen am Vorabend einer *Remythologisierung*. Deren antiliberale Tendenzen könnten – so die weiterreichende Besorgnis – womöglich gut zusammengehen mit den modernen Formen des elektronischen Überwachungsstaats, der *domestic surveillance*, die schon heute auf die Totalisierung der Kontrolle über den Einzelnen dringt.

---

30 Vgl. Paul Bloom: „Is God an Accident?", in: *The Atlantic Monthly*, Bd. 296, Nr. 5, Dez. 2005, 105–112.

Freilich bildete die säkulare Mentalität unter den gebildeten Schichten jener Länder mit „westlicher Kontur", die ein Absterben des Mythos erwarten ließen, weltweit gesehen ohnehin stets eine Ausnahme. Man hat oft behauptet, im Kampf der religiösen Anschauungen sei während des ganzen 20. Jahrhunderts die eigentliche Gewinnergruppe jene gewesen, die bei den Volkszählungen als „ohne religiöses Bekenntnis" aufschien, also die Gruppe der Agnostiker, Atheisten und religiös weitgehend Desinteressierten. Tatsächlich wuchs diese Gruppe auch in Österreich am stärksten: In der Volkszählung 2001 umfasste sie fast eine Million Personen gegenüber fast 6 Millionen Katholiken und war damit mit Abstand die zweitgrößte Bekenntnisgruppe, weit vor den evangelischen Christen mit etwa 380.000 Anhängern und dem Islam mit 340.000. Aber das sind gleichsam insulare Verhältnisse.

Weltweit ist ein anderer Befund zu erstellen. Das ganze letzte Jahrhundert hindurch haben sich neue Religionen gebildet. Viele von ihnen sind kleine Sekten geblieben, einige jedoch rasch gewachsen. Dabei scheint es weniger auf die religiösen Inhalte anzukommen, die meistens aus älteren Beständen zusammengestoppelt und nicht selten obskur sind. Man denke nur an die UFO-gläubigen Raëlianer, die vor einigen Jahren behaupteten, Menschen klonen zu können. Worauf es vor allem anzukommen scheint, ist das Gemeinschaftserlebnis, das diese neureligiösen Bewegungen ihren Mitgliedern verschaffen.

Einige Beispiele für ausbreitungspotente Neureligionen: Die *Ahmadis* sind eine messianisch orientierte, muslimische Sekte aus Pakistan. Sie wurde 1876 gegründet und umfasst heute in 70 Ländern der Welt etwa 8 Millionen Mitglieder. Die Ahmadis werden im Islam als häretisch betrachtet, der Zutritt zu Mekka wird ihnen verwehrt, ihre Mitglieder werden verfolgt. – Etwa 3 Millionen Mitglieder umfasst *Cao Dai,* eine Religion aus Vietnam, die Elemente des Konfuzianismus, Taoismus, Buddhismus, aber auch der Abrahamsreligionen vereinigt und mittlerweile in 50 Ländern Anhänger hat. Gegründet wurde Cao Dai formell 1926. – Aus Japan kommt eine Form des Buddhismus, *Soka Gakkai,* die mittlerweile 18 Millionen Mitglieder in 115 Ländern der Welt umfasst. Obwohl in den Lehren eines buddhistischen Mönchs aus dem 13. Jahrhundert verankert, wurde Soka Gakkai erst 1930 begründet und begann nach dem Zweiten Weltkrieg schwunghaft zu florieren. – Oder *Umbanda*: Dabei handelt es sich um eine synkretistische Geist- und Heilerbewegung, die religiöse Elemente aus südafrikanischen Traditionen und dem Katholizismus mit spiritistischen Ideen des französischen Philosophen Allan Kardec vereinigt. Umbanda wird seit 1920 als eigene religiöse Bewegung eingestuft, umfasst heute 20 Millionen Anhänger in 22 Ländern und ist in Brasilien so verbreitet, dass man sie dort gelegentlich als Nationalreligion betrachtet.[31]

Zwar mag es gute Gründe geben, daran zu zweifeln, dass eine der genannten Neureligionen für die westliche Welt bedeutsam werden könnte. Doch man darf nicht übersehen, dass auch die altreligiösen Felder ständig in Bewegung sind. Es gibt Hunderte christlicher und islamischer Glaubensgruppen mit zum Teil hoher Anfälligkeit für schauderhaft Mittelalterliches und grobschlächtig Mystizistisches. Und je kultivierter die angestammten Großkirchen werden, indem sie sich der Aufklärung und Moderne nicht verschließen wollen, umso lebhafter bilden sich an ihren Rändern radikal irrationale Glaubensbewegungen, die virulente religiöse Bedürfnisse auffangen und absättigen. Übersehen sollte auch nicht werden, dass für das US-amerikanische Christentum eine Revitalisierung aus dem Geist des christlichen Afrika zunehmend bedeutsam wird. Ein enthusiastischer Glaubensgeist, der aus den ehemaligen Missionsgebieten zurückfließt, bildet das Epizentrum einer Neoevangelisierung von Süd nach Nord.

***

Remythologisierung des Westens? – Wenn wir uns im Augenblick auf die Frage konzentrieren, ob die Rückgewinnung des religiösen Glaubens (im weitesten Sinne des Wortes) mit einem Verlust an Vernunft einhergeht, dann sollten wir einige Phänomene besonders ins Auge fassen. Ich nenne sie im Folgenden „Neotheismus", „Neoeschatologie", „Neopaganismus" und „Neomystizismus". Wir werden sehen, dass in diesen Bereichen die Antwort auf die gestellte Frage unterschiedlich ausfällt.

(1) Neotheismus. Der Begriff „Neotheismus" setzt voraus, was ich mit Bezug auf den schwachen Gott aller Menschen andeutete. Da die aufgeklärte Gottesvorstellung versucht, Universalität der religiösen Kategorien durch deren konsequente Entmythologisierung herzustellen, ist auch die Annahme, Gott sei eine Person, nicht ohne weiteres zulässig. Denn zweifellos haben wir keinen anderen Begriff der Person als den, den wir von uns selbst, den menschlichen Personen, ableiten. Personen sind aber Identitäten, die zu ihrer Individualisierung

---

31 Zu den Angaben vgl. Toby Lester: „Oh, Gods!", in: *The Atlantic Monthly*, Bd. 289, Nr. 2, Febr. 2002.

eines Körpers bedürfen, jedenfalls eines Körperanalogons, etwa eines feinstofflichen Seelenhauchs, man denke an die hebräische *ruach*. Erst dadurch wird eine Identifizierung in Raum und Zeit möglich, und nur so bin beispielsweise ich, Peter Strasser, in der Lage, mich, indem ich mich ichhaft auf mich selbst beziehe, von den anderen abzugrenzen, die dasselbe tun. Wird Gott jedoch nicht mehr mythologisch, sondern transzendent gedacht, dann fällt das Kriterium der personalen Identität weg. Die Religionsphilosophie kann von den daraus resultierenden Schwierigkeiten ein langes Lied singen. Im Christentum wird das Problem für den Gläubigen entschärft, indem Jesus der Sohn Gottes und im Wesen mit dem Vater eins sein soll. Der Preis dafür sind freilich die Mysterien der Trinität, die sich kaum eignen, zur Voraussetzung einer universalen Gottesvorstellung gemacht zu werden.

Kurz gesagt, obwohl keine Religionsphilosophie darum herumkommt, Gott als eine Wesenheit zu *denken,* die – würde man ihre Merkmale auf den menschlichen Bereich projizieren – selbstbewusst und personal zu denken *wäre,* gibt es doch zugleich eine metaphysische Blockade: Die Projektion des Absoluten auf die Sphäre des Endlichen und Bedingten ist unzulässig. Manche ziehen daraus einen agnostischen Schluss. Ich hingegen möchte betonen, dass es gute Gründe gibt, warum in der postmythologisch religiösen Einstellung unsere Beziehung zu Gott als eine gedacht wird, die sich indirekt entfaltet, nämlich über unsere Beziehung zu den Mitmenschen – oder eben gar nicht. Deshalb ist die christliche Nächstenliebe mehr als ein Modell tugendhaften Handelns; in ihr lebt fort, was im Zeitalter des Mythos die direkte Hinwendung zu Gott im Ritual, Opfer, Gebet war.

So gesehen meint Neotheismus, dass wieder stärker auf das Moment des handfesten, mehr oder minder unmittelbaren Bezugs zum personalen Gott gesetzt wird. Am 7. Juli 2005 veröffentlicht der Wiener Kardinal Christoph Schönborn in der Zeitschrift *The New York Times* unter der Überschrift *Finding Design in Evolution* einen kurzen Artikel.[32] Darin heißt es, dass seit dem Jahre 1996, in dem Papst Johannes Paul II. die Evolution als „mehr als bloß eine Hypothese" würdigte, sich die Verteidiger des neodarwinistischen Dogmas

---

32 Zum größeren theologischen und religionsphilosophischen Kontext dieser Episode vgl. mein Buch: *Dunkle Gnade. Willkür und Wohlwollen* (München 2007), wo im Kapitel „Die Handschrift des Herrn", 121 ff, auch auf die Äußerungen des Wiener Kardinals eingegangen wird (139 ff). Ich hatte sie schon vorher, während der Salzburger Hochschulwochen 2006, kritisch gewürdigt; s. u. Anm. 35.

in der Ansicht gefielen, ihre Theorie sei mit dem christlichen Glauben vereinbar. Schönborns Kommentar: „But this is not true."[33]

Mittlerweile hat der Kardinal sein Verdikt längst abgeschwächt und will es nur noch auf das bezogen wissen, was er „Evolutionismus" nennt.[34] Doch das, was er darunter versteht, ist gerade eine unter Spitzenbiologen und naturalistisch gestimmten Humanwissenschaftlern weit verbreitete Haltung. Sie besagt, dass die Evolutionstheorie mit dem christlichen Glauben nicht nur *nicht* „irgendwie vereinbar" sei, sondern im Gegenteil: dass sie mit einem solchen Glauben – dem Theismus – wegen der ihn kennzeichnenden Schöpfungslehre notwendig *kollidiere*. Beispiele für diese Haltung geben sowohl der rabiate Richard Dawkins als auch der rhetorisch etwas mildere John Dupré, der aber in der Sache, wie wir gesehen haben, nicht minder rabiat optiert.

Was nun die vom Kardinal vorgeschlagene Alternative betrifft, die Lehre vom Intelligenten Design, so ist sie die anscheinend wissenschaftsfreundlichere Variante des Kreationismus, der in den USA blüht und gedeiht. Es wird, nach biblischem Vorbild, davon ausgegangen, erstens, dass Gott als der personale Schöpfer der Welt die Entstehung der Arten selbst herbeiführe, weil nämlich, zweitens, die komplexe Ordnung der Natur, insbesondere auch der Übergang von einer Lebensordnung zur anderen, mit an Sicherheit grenzender Wahrscheinlichkeit eine planende Intelligenz voraussetze. Deshalb darf vom katholischen Standpunkt aus immerhin zugestanden werden, dass „evolution in the sense of common ancestry might be true" – obwohl dieses luftige „might be true" dem bibelfesten Kreationisten nur schwerlich einleuchten wird. Jenseits aller feinsinnigen metaphysischen Debatten bleibt festzuhalten, dass es dem Kardinal und seinen Verbündeten, die unterdessen Legion sind, um die Stärkung der

---

33 Damit kein Zweifel darüber aufkommen kann, was genau das neodarwinistische Dogma sei, das keine Wahrheit beanspruchen dürfe, äußert sich der Kardinal so explizit wie möglich: „Evolution in the sense of common ancestry might be true, but evolution in the neo-Darwinian sense – an unguided process of random variation and natural selection – is not. Any system of thought that denies or seeks to explain away the overwhelming evidence for design in biology is ideology, not science." Seither gab es in den USA und Europa heftige Diskussionen. Die Reaktionen der Fachbiologen reichten, je nach Temperament und Einschätzung der Lage, von belustigtem Kopfschütteln bis zu blankem Entsetzen.

34 Vgl. *Catholics and Evolution: Interview with Cardinal Christoph Schönborn* (Interviewer Tom Heneghan), nachzulesen in der katholischen Internetzeitschrift *beliefnet*, Jan 5, 2006.

Theismus-Komponente im modernen Christentum geht. *Gott greift ein!*

Für den Neotheismus ist nun aber kennzeichnend, dass Gott nicht bloß dadurch eingreift, dass er die Evolution auf geheimnisvolle Weise steuert. Wenn Gott Gott sein soll, dann ist er omnipotent und allgegenwärtig, was bedeutet, dass sein Eingreifen sich keinesfalls auf die biologische Entwicklung der Arten, auf die Verbreitung von Genen nach dem Muster des Intelligenten Designs beschränken kann. Gottes Eingreifen betrifft alle möglichen Naturereignisse ebenso wie soziale, historische, politische Vorgänge. Der Gott, der eingreift, hat seine Hände überall im Spiel. Zum Jahreswechsel 2004/05 stand die Welt unter dem Eindruck einer Erdbeben- und Flutkatastrophe, die über 250.000 Menschenleben forderte, von den Opfern der Nachfolgeereignisse (Hunger, Krankheiten, Seuchen) ganz zu schweigen. Dieses Ereignis würdigte derselbe Wiener Kardinal in einem Kommentar der *Kronenzeitung* zum Fest der Heiligen Drei Könige, am 6. Januar 2005, mit folgenden Worten:

„Hier in Indonesien hat mich beeindruckt, wie alle Überlebenden, mit denen ich sprechen konnte, ob Muslime oder Christen, die Sprache Gottes aus den Ereignissen vom 26. Dezember [dem Tag der Flut] herausgehört haben. Der Sinn all dieses Leidens ist nicht immer und jedem sofort klar. Dazu ist der Schmerz zu groß. Aber wie berührend ist es, überall dem Vertrauen zu begegnen, dass Gott in all diesem Leid zu finden ist."

Aber für den Neotheisten geht es nicht nur darum, dass sich Gott in großen Naturkatastrophen „ausspricht"; die katastrophische Aussprache ist zugleich ein machtvoller, markerschütternder Anruf. Sie soll dazu führen, dass die Menschen, die in ihrem Glauben erlahmt oder von ihm abgefallen sind, umkehren, auf den rechten Weg zurückfinden, sich bekehren. Wenn man der frommen Betrachtung des Wiener Kardinals, die hier bloß *pars pro toto* steht, eines entnehmen kann, dann dies: Gott wollte, indem er mehr als eine Viertelmillion Menschen in der Flut umkommen ließ, ein Zeichen setzen. All die vielen Opfer waren demnach erforderlich, damit wir, die Überlebenden, den Ruf zur Bekehrung nicht nur vernehmen, sondern auch gebührend ernst nehmen.

Dazu habe ich mich vor einigen katholischen Foren geäußert, und zwar mit Worten, denen ich möglichst große Klarheit zu geben wünschte, so etwa bei den Salzburger Hochschulwochen 2006, wo ich sagte: „Ich gestehe, dass ich angesichts der Möglichkeit eines solchen Gottes Grauen empfinde – und das Bedürfnis, mich umzudrehen und wegzugehen. Fände es das Christentum heute wieder notwendig, einen derart mythologischen Gott anzubeten, dann fänden es die meisten aufgeklärten Christen wohl unmöglich, dieser Religion noch innerlich anzuhängen."[35]

Womit ich freilich nicht rechnete, war der teilweise regelrecht aufgebrachte Widerstand gegen meine Sicht der Dinge. Meine Zuhörer, Frauen ganz und gar eingeschlossen, beharrten darauf, dass es gerade die großen Menschheitskatastrophen seien, in denen sich Gottes Anwesenheit am eindrucksvollsten manifestiere. *Kein wirklicher Gott ohne Furcht und Zittern!* Ja, es war auch die Rede von den Geißeln, deren die erbsündige Menschheit, die immer wieder in massenhafter Sündhaftigkeit zu versinken drohe, nicht entbehren könne. Fast schien es mir, als ob nicht wenige aus den Reihen der Gläubigen, die „Furcht und Zittern" vor Gottes strafender Liebe zu benötigen schienen, ein gewisses Bedauern über die modernen Möglichkeiten der Seuchenbekämpfung empfänden. Die Pest des Mittelalters: Das war noch was, oder? Immerhin: Heute haben wir weltweit AIDS als Antwort auf ein perverses Treiben, für welches, wie die Bibelfesten wissen, im Buch Levitikus (20,13) die Todesstrafe zwingend vorgesehen ist.

(2) Neoeschatologie. Dass der Wiener Kardinal gerade in einer furchtbaren Naturkatastrophe „Gottes Sprache und Handschrift" sieht, zeigt nicht nur die Tendenz des Neotheismus, Gott immerfort in die Geschicke der Welt und des Menschen aktiv eingreifen zu lassen. Sie deutet darüber hinaus in eine Richtung, die neben dem militanten Islam zu dem Beklemmendsten gehört, was derzeit am religiösen Sektor reüssiert. Ich meine die Neoeschatologie, das neue Endzeitdenken, das in den USA – und nicht nur dort – immer mehr Menschen in seinen Bann zieht.

Dabei handelt es sich um keine Neuheit. Von Armageddon, der letzten Schlacht vor der Apokalypse[36], sprach schon US-Präsident Theodore Roosevelt 1912 in einer Rede vor der Progressive Party: „Wir stehen am Rande von Armageddon, und wir kämpfen für Gott!" Ronald Reagan, von 1981 bis 1989 Präsident der Vereinigten Staaten, wird in der Literatur eine regelrechte „Armageddon-Ob-

---

35 Dokumentiert in: *Gott im Kommen,* hg. v. Gregor Maria Hoff, Innsbruck/Wien 2006, 41.
36 Vgl. Offenbarung des Johannes 16,16. Harmagedon ist der „Berg von Meggido", ein Ort, an dem die Könige von Dämonengeistern zusammengeführt werden. Es geht um die Schlacht zwischen Gott und den Heidenvölkern, namentlich Rom samt Vasallen; das ganze Strafgericht wird in das Bild vom Fall der „Hure Babylon" gekleidet.

session" bescheinigt: „Das Wort ‚Armageddon' faszinierte ihn so sehr, dass er immer wieder, privat und öffentlich, darauf zu sprechen kam. [...] Als Präsidentschaftskandidat verkündete er 1980: ‚Wir könnten die Generation sein, die Armageddon sieht.'"[37]

Während die Europäische Union identitätsschwach um ihre Zukunft ringt, sind die USA zu einem Land geworden, in dem sich ein Gemisch aus imperial gestimmtem Patriotismus, Auserwähltheitsdenken in der Konfrontation mit dem Islam und einer neoevangelikalen Mobilmachung findet, die häufig endzeitliche Züge trägt. Der tiefreligiöse Führungsstil George W. Bushs, des derzeitigen Präsidenten, der sich selbst, nach einem Offenbarungserlebnis, als „born-again Christian" bezeichnet, passt haarscharf in dieses Bild. Immer wieder definiert Bush Amerikas „great mission" in Begriffen der politischen Theologie. Sein Konzept einer „Achse des Bösen" meint nicht nur die Abgrenzung von den sogenannten „Schurkenstaaten" wie Saddam Husseins Irak oder, aktuell, den Iran, Libyen, Nordkorea und, noch immer, Kuba. Die Achse des Bösen bezieht sich nicht nur auf Länder, die islamischen Terroristen Unterschlupf und Unterstützung gewähren. Dieses Konzept teilt darüber hinaus die ganze Welt in Gute und Böse, zwischen denen es, nach apokalyptischer Prophetie, zum Endkampf kommen muss. Dort wird es, neben den üblichen profanen Interessen, wesentlich um einen religiösen Triumph gehen, nämlich um den Endsieg des christlichen Gottes, der christlichen Werte, der christlichen Kultur.

Was die neoeschatologischen Strömungen auszeichnet, ist ihre Anfälligkeit für eine ultramilitante Mythologie, vor der sogar die Metaphorik des islamischen Dschihad verblasst. Die Faszination, welche die Offenbarung des Johannes gegenwärtig wieder ausübt, erfüllt exakt den Tatbestand, der da lautet: *den Verstand verloren, zum Glauben gefunden.* Denn viele der mächtigsten und zeitweise wirkmächtigen Bilder der Offenbarung muten wie Ausgeburten des Wahnsinns an. Man vergleiche bloß das Auftreten des Evangelien-Jesus, dieser Gestalt des Gewaltverzichts und der Opferbereitschaft, mit der Wiederkehr des Messias bei Johannes 19,12–15:

„Seine Augen waren wie Feuerflammen, und auf dem Haupt trug er viele Diademe; und auf ihm stand ein Name, den er allein kennt. Bekleidet war er mit einem blutgetränkten Gewand; und sein Name heißt ‚Das Wort Gottes'. Die Heere des Himmels folgten ihm auf

---

37 Victor und Victoria Trimondi: *Krieg der Religionen. Politik, Glaube und Terror im Zeichen der Apokalypse,* München 2006, 165.

weißen Pferden; sie waren in reines, weißes Leinen gekleidet. Aus seinem Mund kam ein scharfes Schwert; mit ihm wird er die Völker schlagen. Und er herrscht über sie mit eisernem Zepter, und er tritt die Kelter des Weines, des rächenden Zornes Gottes, des Herrschers über die ganze Schöpfung."

So beginnt die erste eschatologische Schlacht, in deren Verlauf den Vögeln des Himmels befohlen wird, das „große Mahl Gottes" zu vollziehen: „Fresst Fleisch von Königen, von Heerführern und von Heiden, Fleisch von Pferden und ihren Reitern, Fleisch von allen, von Freien und Sklaven, von Großen und Kleinen!" Den Rest erledigt der Messias selbst, mit dem Schwert, das aus seinem Munde kommt (Offb 20,17–21). Derart wahnartige, vor Blutgier dampfende Stellen spiegeln Bedürfnisse wider, die eine aufgeklärte Gottesvorstellung niemals abzudecken vermag, höchstens in dem negativen Sinn, dass sie ihre gründliche Stilllegung fordert.

Daran ändert nichts, dass der zivilisierte Christ das Schwert, das aus dem Munde des Messias kommt, symbolisch als „die Macht Seines Wortes" entziffert. Wesentlich ist hier nämlich der *Kontext,* der es nahelegt, die im Symbol liegende Gewalt*spur* wörtlich und das Schwer buchstäblich zu nehmen. Die Apokalyptik ist, beginnt sie erst die Gefühlsatmosphäre einer Gesellschaft zu grundieren, ein alarmierendes Symptom. In ihr regt sich eine einsichtslose, verzweifelte Erlösungssehnsucht, die alle Vernunftbarrieren zu durchbrechen droht. Deshalb sollte man besonders aufmerksam sein, wo immer sich die Neoeschatologie zu Wort meldet. In unserer Gesellschaft tut sie dies, wenn auch vergleichsweise zivilisiert, sobald wieder an den starken Gott appelliert wird, der die Geschicke der Welt und des menschlichen Lebens despotisch dirigiert. Der Gott des Wiener Kardinals, der eine Viertelmillion Menschen in der Flut ertränkt, zeigt erneut jene Züge, die uns das „große Mahl Gottes" der Johannesapokalypse gleichsam im *Bekehrungsvorlauf* erahnen lässt: „Fresst das Fleisch von Großen und Kleinen!"

In diesen Bilderkreis und diese Stimmungslage gehören ebenso der Wunder- und Teufelsglaube. Wunderheilungen und dämonische Besessenheiten sind nämlich ihrerseits die Vorlaufbewegungen eines harten Irrationalismus, der Himmel und Hölle als Aktivmächte phantasiert und ständig nach ihren übernatürlichen Zeichen und Repräsentanten auf Erden Ausschau hält. Dass der Vatikan den Exorzismus seit einigen Jahren wieder offiziell in den Rang einer Lehrdisziplin erhoben hat, ist, so gesehen, keine Schrulle. Hier rumort ein Untergrund, der mit unseren kulturellen Universalien – Vernunft,

Demokratie, Friede – bis zum Ende der Welt unvereinbar bleibt. Denn bis dahin gilt nach heilsgeschichtlicher Logik: *Ubique daemon*, nicht bloß Gott, auch der Teufel regt sich allerorten.

(3) *Neopaganismus.* Demgegenüber bietet der Neopaganismus kein einheitliches Bild. Unter seinem Vorzeichen tummeln sich die unterschiedlichsten Formen neuheidnischer Bewegungen und Moden, denen nur gemeinsam zu sein scheint, dass sie ihren religiösen Standpunkt aus irgendwelchen vorchristlichen Götter-, Geister- und Naturlehren ableiten. Das sind nicht selten germanische Mythen. Und wie schon bei den Nationalsozialisten, so verbindet sich auch heute mit der Idee eines arischen Neuheidentums bisweilen ein politischer Rechtsradikalismus, so etwa im Falle des französischen Publizisten Alain de Benoist. Darüber hinaus dienen indianische und asiatische Religionsverschnitte, seltener solche griechischen Ursprungs, als Vehikel, um religiöse Gefühle zu kodieren.

So kommt es mitten im christlichen Westen, dass viele junge Leute besser Bescheid wissen über Druidenhaine, Barden, keltische Zaubersprüche und das sagenhafte Feenland als über Leben und Wirken Jesu. Dabei haben wir es hier, vermittelt durch die Massenwirkung von Kunstprodukten – gegenwärtig herausragend *Der Herr der Ringe* und *Harry Potter* –, mit einer Art *Spielzimmerreligiosität* zu tun. Das heißt, außerhalb des Freizeitbereichs, ob Leseecke, Computerschirm oder Kinoleinwand, wird weder ernsthaft an Druidenmacht und Wurzelhokuspokus geglaubt, noch übertragen sich die irrationalen Züge der neuheidnischen Phantasien auf das „wirkliche Leben". Das ist begrüßenswert.[38] Denn das Praktisch- und Politischwerden der

---

38 Führungsfunktionäre der katholischen Kirche scheinen dieser Diagnose freilich nicht unbedingt zuzustimmen. Anders lässt sich die Groteske rund um das Buch von Gabriele Kuby: *Harry Potter – gut oder böse* (2003), kaum erklären. Kuby, eine Protestantin, die jahrzehntelang tief in der Esoterikerszene verankert war, konvertierte 1997 zum Katholizismus und gerierte sich seither päpstlicher als der Papst. Sie glaubt an den Teufel, die Hölle, an Besessenheit, Wunder und Engel und überhaupt an alles, was die katholische Kirche vorkonziliaren Zuschnitts lehrt. Deshalb, das heißt wegen seines Paganismus, ist ihr auch der überwältigende Erfolg der *Harry-Potter*-Bücher ein Dorn im Auge gewesen. In ihrem eigenen Buch hat sie „zehn Argumente gegen Harry Potter" zusammengetragen. Kubys publizistische Kraftanstrengung wäre vermutlich sofort vergessen worden, hätte nicht Papst Benedikt XVI., damals noch Joseph Kardinal Ratzinger, Vorsitzender der katholischen Glaubenskongregation (übrigens die Nachfolgeeinrichtung zur Inquisition), datiert mit 7. März 2003 einen freundlichen Brief folgenden Inhalts geschrieben: „Es ist gut, dass Sie in Sachen Harry Potter aufklären, denn dies sind subtile Verführungen, die unmerklich und gerade dadurch tief wirken und das Christentum in der Seele zersetzen, ehe es überhaupt recht wachsen konnte." Am

kindlich-kindischen Phantasien bedeutet unter Umständen, dass der Infantilismus das öffentliche Leben zu entstellen beginnt. Die Geschichte des modernen „Ariertums" legt dafür ein wüstes, massenmörderisches Zeugnis ab.

(4) Neomystizismus. Man könnte sagen, dass das spielerische Ausagieren von irrationalen Bedürfnissen nach Mystik und Magie, nach Aura und Erwählung eine wichtige Errungenschaft liberal aufgeklärter Kulturen darstellt. Die Wiederverzauberung der Welt, die im Spielzimmer oder Freizeitcenter stattfindet, schützt vor dem Zauber religiöser und politischer Erlösungslehren, schützt vor Neotheismus und Neoeschatologie.

Aber eben nicht durchschlagend: Die Übel, die Depressionen, der Tod und was das „wirkliche Leben" sonst noch an Schicksalsschlägen und Sinnkrisen bereithält – alle diese Dinge sind durch spielerische Regressionen nicht gut zu bewältigen. Daher verwundert es wenig, dass es in unseren Gesellschaften neben dem schwachen Gott aller Menschen eine schier unbegrenzte Anzahl an kleinreligiösen Lebensbewältigungsangeboten gibt, deren Schlüsselbegriff „Spiritualität" lautet. *Das Spirituelle ist die Mystikdimension für jedermann.* Da geht es nicht gleich darum, Gottes Angesicht zu schauen oder mit dem All-Einen zu verschmelzen.

Derlei mystische Hochleistungsprogramme waren traditionell etwas für Spiritualitätseliten, die über viele Jahre hinweg einen harten klösterlichen Lebensstil und ein asketisches Meditationsprogramm auf sich nahmen. Dadurch war ein normales, ziviles, bürgerliches Leben ausgeschlossen. Der Neomystizismus hingegen, als die demokratisierte Massenvariante der Hochmystik, strebt Wohlbefinden durch Erlebnisse des Einklangs an. Dabei mag es sich um den Einklang mit den eigenen, bisher verdrängten Tiefenenergien und blockierten emotionalen Potenzen handeln, oder um jenen schon sehr ambitionierten Einklang, der durch das vermeinte Mitschwingen in einem wie immer definierten universellen Geistfeld zustande kommt.

---

27. Mai 2003 hat der Kardinal Frau Kuby dann ausdrücklich gestattet, seine Meinung bezüglich Harry Potter öffentlich zu verwenden. Diese tolle Werbung für ihr Buch ließ Kuby nicht ungenützt verstreichen, und so kann der erstaunte und belustigte Leser den Briefwechsel nebst umfänglichen Kommentaren im Internet nachlesen (http://www.gabriele-kuby.de/harry_potter.html). Meine Lesart geht dahin, dass die *Harry-Potter*-Bücher vor 1967, als es den *Index librorum prohibitorum* noch gab, gute Chancen gehabt hätten, darauf zu landen, natürlich in bester Gesellschaft. Während es nämlich Hitlers *Mein Kampf* nie auf die katholische Liste der verbotenen Bücher schaffte, glänzt dort als Letzter in einer langen Reihen von literarischen Nobilitäten Jean Paul Sartre mit seinem Gesamtwerk!

An dieses Grundmuster können sich vielerlei alt- und neukultische Praktiken anlagern, wobei jede für sich – und häufig unter ostentativer Absetzung von den anderen – Seriosität in Anspruch nimmt. Heute sind es besonders die Mittelschichten, deren Angehörige Maturaniveau haben und häufig ein Hochschulstudium absolvierten, welche zum Neomystizismus neigen. Häufig kirchenkritisch gesinnt und agnostisch gestimmt, legen sie großen Wert darauf, nicht als leichtgläubig oder gar abergläubisch hingestellt zu werden.

Gerade den Eindruck lachhafter Leichtgläubigkeit und weitestgespannter Anfälligkeit fürs Abergläubische vermittelt jedoch die Palette der esoterischen Lehren und Praktiken, die sich heute auf dem boomenden Markt der Profanitätsalternativen finden. Ob Tai-chi oder Quigong, die Fünf Tibeter oder Anwendung des Feng-Shui, die Morphologische Methode oder Ayurveda, das Rolfing oder Rebirthing, Feldenkrais oder Bioenergetik, Fasten oder Naturkost, Reinkarnation oder Astrologie, Orgon-Therapie oder Engel-Botschaften, Chakras-Therapie oder Alexander-Technik, Atem-Therapie oder Reiki, Yoga oder Shiatsu, Primär- oder Gestalt-Therapie, biodynamische oder neureichianische Massage, autogenes Training oder ‚spirituelle Ferien', Akupunktur oder Akupressur, Kinesiologie oder Hakomi, Homöopathie oder Hypnotherapie, Tantra oder Tarot, Energy Channeling oder Sexual Healing, Tibetan Pulsing oder Rebalancing[39] – nichts scheint fabriziert, infantil, absonderlich, ja hirnrissig genug, um nicht glühende Anhängerinnen und Anhänger mobilisieren zu können. Dabei gilt der Umstand, dass eine Methode („Weisheit") als sehr, sehr alt und dabei aber in ihrer Wirkung als wissenschaftlich unüberprüfbar gilt, im alternativen Bereich geradezu als Qualitätsausweis. Dass die Erfinder der jeweiligen Esoteriken teilweise selbst erfunden und die Esoterik ihrerseits oft nicht einmal zwei Generationen alt ist, scheint für diejenigen, die auf sie schwören, entweder nicht feststellbar oder einfach irrelevant zu sein.

Natürlich werden die Anhänger der Homöopathie oder der Akupunktur dagegen protestieren, dass sie zusammen mit allerlei – wie sie es sehen – Humbug auf die neomystische Bühne gezerrt werden. Das sei ihnen unbenommen, und vielleicht haben sie ja recht. Vielleicht gibt es handfest wirksame Dinge zwischen Himmel und Erde, von denen sich unsere Wissenschaft nichts träumen lässt, so zum Beispiel die Wirkkraft von Medizinen, in denen der angebliche Wirkstoff gar

---

39 Die Zusammenstellung folgt auszugsweise Ulrich Linse: *Geisterseher und Wunderwirker. Heilsuche im Industriezeitalter,* Frankfurt a. M. 1996, 216.

nicht oder nur in Spurenelementen enthalten ist. Wesentlich scheint indessen, dass die genannten Lehren und Praktiken, was immer sie sonst noch sein und bewirken mögen, jedenfalls religiöse Bedürfnisse mit absättigen und dabei aber gegen eine jeweils überwältigende Konkurrenz stehen.

Wenn es sich also beim Neomystizismus um einen entlastenden Rückfall hinter die moderne Aufklärung handelt, so ist er doch, kollektivpsychologisch gesehen, vermutlich weitaus weniger gefährlich als Neotheismus, Neoeschatologie und die politisch aufmunitionierten Formen des Neuheidentums. Die neomystischen Erleichterungen, die heute im Leben vieler westlicher Menschen die großreligiösen Tröstungen ersetzen, verringern mutmaßlich die Gefahr eines Abdriftens in die harten Formen des theopolitischen Irrationalismus. Außerdem ist der Neumystiker häufig promisk; er wechselt gerne seine spirituellen Lieben. Was im Eheleben als Untugend zu tadeln ist, erweist sich am Markt der religiösen Bedürfnisse unter Umständen als eine Vorbeugung gegen die rabiate, der Tendenz nach gewaltbereite Intoleranz, die mit dem Exklusivitäts- und Ausschließungsdenken in den monotheistischen Altreligionen einhergeht.

V. Die Evolution Gottes

Der Konflikt zwischen Gott und Wissenschaft. – Es entspricht schon lange der wissenschaftlichen und heute besonders der naturwissenschaftlichen Auffassungsweise, den Bereich der Gottesideen als einen Bereich der Imaginationen zu behandeln. Von geringem Verständnis würde es zeugen, die Wissenschaftler deshalb über ihre Schranken belehren zu wollen und ihnen Grenzüberschreitung für den Fall vorzuhalten, dass sie sich in das Gebiet der Religion einmischen. Denn die Wissenschaft kann gar nicht anders seit dem Moment, seit dem sie sich Gedanken über die Entstehung unserer Fähigkeiten macht, die Welt zu erkennen – wobei die Möglichkeit des Erkennens einschließt, sich möglicherweise auch zu irren.

Gotteserkenntnis ist nun aber eine Art von Erkenntnis. Wollte der Gläubige das bestreiten – was er im Normalfall nicht will –, dann würde er seinem Glauben die tiefste Wurzel abgraben. Diese besteht im Falle des Monotheisten darin, dass der Satz „Gott existiert" genau deshalb wahr ist, weil Gott existiert, und zwar, wie das Realismuspostulat fordert, unabhängig davon, ob jemand diesen Satz glaubt oder nicht glaubt, ihn für wahr oder falsch hält.

Man hat oft behauptet, und gar nicht selten von Seiten der Wissenschaftler selbst, dass die Wissenschaft, „recht bedacht", keineswegs im Konflikt mit dem Glauben stehe. Aber das war immer auch eine Art von Beschwichtigungsformel und wirklich zutreffend nur in dem Umfange, in dem die sogenannten Glaubenswahrheiten darauf verzichteten, eine Beziehung zwischen dem Wirken Gottes (oder der Götter) und der realen Welt herzustellen. Für die Moderne lässt sich summarisch festhalten, dass ein derartiger Verzicht auf die – wie man sagen kann – Realpräsenz Gottes am deutlichsten in den verschiedenen Formen der protestantisch geprägten negativen Theologie zu beobachten ist, und fernerhin in gewissen Spielarten der theologisierenden Philosophie, zum Beispiel im Werk von Emmanuel Lévinas. Demnach gibt es Gott nur, weil er nicht da ist, oder weil er zwar da ist, aber in einer Form, die alle dingfest zu machenden Tatsachen übersteigt. Bei Lévinas wird diese „Transzendenz in der Immanenz" durch das Wort „Unendlichkeit" markiert. So eröffnet sich im Phänomen des Blicks oder des blickbegabten Antlitzes die „Unendlichkeit" des Anderen, das heißt, seine Teilhabe am Ewigen, Göttlichen, aus dem dann die existentielle Fähigkeit zur Ich-Du-Beziehung erwächst. Ob man das nun verstehen will oder nicht, eines steht fest: Gottes Präsenz wird hier stets derart gedacht, dass sie nicht positiv bestimmbar und auf jeden Fall nicht empirisch ist. Sie ist daher auch kein möglicher Gegenstand wissenschaftlicher Erörterung.

Und noch etwas steht fest: Die innerkirchlichen Theologien haben die – je nach Blickwinkel – Entmythologisierung oder Ausdünnung der religiösen Gehalte nie einschränkungslos mitgemacht. Das gilt in besonderem Maße für den Katholizismus. Auch wenn das kirchliche Lehramt unter dem Druck von Wissenschaft und Religionskritik viele Stellen des Neuen und besonders des Alten Testaments als „symbolische Wahrheiten" deutet, stand doch die Realpräsenz Gottes stets außer Frage. Wohl mag man sich beispielsweise nicht mehr stark darauf festlegen, dass das Glaubensdogma von der Jungfräulichkeit Mariens vor, während und nach der Geburt Jesu als physiologische Wahrheit zu gelten hat.[40] Doch sogar heute gilt, dass Jesus leiblich

---

40 Von Universitätstheologen wurde mir mehrfach signalisiert, dass der *Grundriss der Katholischen Dogmatik* von Ludwig Ott (4. Aufl., Basel/Freiburg/Wien 1959) „vorkonziliar" sei (was immer das im vorliegenden Zusammenhang bedeuten mag) und dass sich deshalb Otts Auslassungen zum Dogma der unbefleckten Empfängnis (240 ff) erledigt hätten. Liest man allerdings in aktuellen Dogmatiken nach, so findet sich keine substanziell andere, sondern bloß eine mehr nebulöse Version der katholischen Jungfräulichkeitslehre.

von den Toten auferstanden und in den Himmel aufgefahren ist. Und was die leibliche Aufnahme Marias in den Himmel betrifft – erst 1950 von Pius XII. als Dogma festgeschrieben –, so wurde sie, im Sinne des florierenden Marianismus, bis heute nicht wieder infrage gestellt. Auch heute gilt wie eh und je, dass Gott ein persönlicher, ansprechbarer Gott ist, der in der Welt Zeichen setzt, Wunder wirkt und Katastrophen auslöst. Auch heute gilt, dass es einen Kampf zwischen Gott und den Heerscharen der gefallenen Engel gibt, welche von den Menschen Besitz ergreifen können, sodass Dämonen- und Teufelsaustreibungen notwendig werden. Zurzeit erlebt, vom Vatikan unterstützt, der Exorzismus eine Hochblüte.

Über die historischen Auseinandersetzungen, die es zwischen der Wissenschaft und den offiziellen Hütern christlicher Glaubenswahrheiten gab, braucht im Detail kaum ein Wort verloren zu werden. Es ist aber nicht überflüssig, kursorisch darauf hinzuweisen, dass das Terrain des Glaubens durch die Jahrhunderte hindurch Schritt für Schritt von den alten Irrtümern befreit werden musste. Dabei ging es nicht nur um die großen Themen, sei es die kopernikanische Wende, die Evolutionstheorie seit Charles Darwin oder, in geringerem Ausmaße, die Tiefenpsychologie Sigmund Freuds. Es ging um viele kleinere und dennoch weltbildformende Behauptungen.

Beispielsweise brachten zu Beginn der Neuzeit die sich ansammelnden Erkenntnisse über die Artenvielfalt den Mythos von der Arche Noah zu Fall. Die Einsichten in den Aufbau der Erde und das sich vertiefende Verständnis geologischer Schichten, nicht zuletzt die immer größere Bedeutung der Fossilfunde, führten zu Folgerungen über das Alter der Erde, die Dauer erdgeschichtlicher Epochen und die großen Aussterbeprozesse, welche zusammengenommen den biblischen Angaben von Grund auf widersprachen. Besonders die Lehre vom irdischen Paradies, in dem sich mitten im Frieden aller Geschöpfe der Sündenfall am Baum der Erkenntnis ereignet haben sollte, war vom wissenschaftlichen Standpunkt aus schließlich nichts weiter als ein frommes Märchen, das zu den heißen, lebensfeindlichen Anfängen der Welt vollkommen quer stand.

Mehr und mehr musste der Wissenschaft erscheinen, dass die religiösen Lehren, soweit sie empirisch nachvollziehbar waren, sich dem Unwissen, der Spekulation und dem Aberglauben, manchmal auch einer krankhaften Veranlagung zur Phantasmagorie verdankten. Und diese Vermutung machte vor der Annahme der Existenz Gottes nicht halt. Denn einerseits war klar, dass die Merkmale, mit denen Gott im Mythos ausgestattet wurde, nach dem Muster menschlicher Verhältnisse gestaltet waren. Und andererseits wurde zunehmend klar, dass Gott oder die Götter keine Realursachen bildeten. Weder blitzte es, weil Zeus Blitze schleuderte, noch stand hinter der Entwicklung des Facettenauges der Fliege ein göttlicher Plan.

***

Wie Gott aus dem Gehirn entsteht. – Für die Wissenschaft ergab sich kaum eine Alternative zu der Feststellung, dass Gott, sofern er ursächlich als Weltschöpfer und Bewirkender innerweltlicher Ereignisse gedacht wurde, gar nicht existierte. Alle überhaupt erkennbaren Ursachen, ja sogar der Anfang der Welt selbst, waren natürliche Ereignisse, nicht übernatürlich im Sinne des Glaubens. Dieser Punkt verdeutlicht hinreichend, warum sich für die Wissenschaft im Umgang mit der Religion einige Probleme der Erklärung *nachhaltig* stellten. Das erste Problem betraf die Mechanismen der religiösen Illusionsbildung. Das zweite Problem betraf die Frage, wieso die religiöse Illusion trotz Aufklärung hartnäckig überlebte. Heute sucht die Wissenschaft nach einer Theorie der Religion, die beide Probleme – *das religiöse Illusionsbildungsproblem und das Problem des Überdauerns der religiösen Illusion* – gemeinsam beantwortet. Dabei schieben sich, dem Trend der Zeit gehorchend, immer stärker Ansätze aus dem Bereich der Gehirnphysiologie, kombiniert mit evolutionstheoretischen Überlegungen, in den Vordergrund. Das schließt soziologische und kulturwissenschaftliche Erklärungsansätze nicht aus, verankert aber die grundlegenden Mechanismen der Selbstillusionierung des Menschen, ganz im Sinne des modernen Naturalismus, bereits in der biologischen Dimension.

Ein Produkt dieser Anstrengungen ist die mittlerweile so genannte Neurotheologie. Ihr genereller Ansatzpunkt ist nicht neu. Schon immer wurde gemutmaßt, dass sich die Erfahrungsbasis der Religionen in ihren wirkmächtigsten Manifestationen aus Erlebnissen zusammensetzt, die in temporären Fehlfunktionen des Gehirns gründen. Wem der Teufel oder die Jungfrau Maria erscheint, der bildet sich ein, etwas zu sehen, was gar nicht da ist. Wäre es da, sollte es für andere Menschen sichtbar sein. Das ist ein sehr einfaches, aber auch sehr plausibles Argument, sobald man sich dem Studium der Halluzinationen widmet, unter denen Geisteskranke leiden. Dementsprechend ist von Neurologen immer wieder behauptet worden, dass die Erlebnisse des Christenverfolgers Saulus, der, hoch zu Ross von einem Lichtstrahl geblendet, überwältigt zu Boden stürzte und eine

Stimme hörte, die symptomatische Struktur eines epileptischen Anfalls zeigten. Die Wandlung von Saulus zu Paulus würde sich demnach nicht einer göttlichen Berufung, sondern einer visuellen und akustischen Illusion verdanken, die gehirnintern produziert wurde.

Dagegen hat man natürlich vorgebracht, dass es wirkliche und vermeintliche Inspirationen gäbe, dass manche Visionen zwar bloß eingebildet, aber andere in ihren Gehalten durchaus real seien, wie beispielsweise jene Stimme aus dem Licht, die den stolzen Römerjuden fragte: „Saul, Saul, warum verfolgst du mich?" Doch mit der Neurotheologie beginnt sich dieses Ping-Pong der Argumente insofern zu verändern, als nun versucht wird, den Ausnahmezustand des Gehirns zusammen mit dem als authentisch empfundenen religiösen Erlebnis experimentell nachzuweisen. Zwei Beispiele:

Der – nicht unumstrittene – Neurologe Michael Persinger von der Laurentian University in Sudbury, Ontario (Kanada), experimentierte mit Magnetfeldern, denen das Gehirn über einen Helm, der von der Versuchsperson getragen wurde, eine Zeitlang ausgesetzt war. Dieses an sich schon lange bekannte Verfahren der „Transkraniellen Magnetstimulation" (TMS) führte bei Persingers Versuchspersonen dazu, dass sie das Gefühl hatten, eine „Präsenz" oder Macht halte sich in ihrer Nähe auf. Manche sprachen auch davon, dass sie von ihrem Schutzengel oder Gott berührt worden seien, in seltenen Fällen wurde die Präsenz als dämonisch oder teuflisch erfahren.[41]

An der University of Pennsylvania, Philadelphia (USA), untersuchte Andrew Newberg gemeinsam mit seinem Kollegen Eugene d'Aquili das Zustandekommen mystischer Erfahrungen. Newberg bat tibetanische Mönche, betende Franziskanernonnen und andere Meditationsprofis, mit einem Fingerzeichen zu signalisieren, sobald sie das unvergleichliche Gefühl eines Einsseins mit dem Kosmos oder des Rapports mit Gott hatten. Gleichzeitig wurde mit einem speziellen Computertomographen (SPECT) ein Gehirn-Scan angefertigt. Ergebnis: Der präfrontale Kortex der meditierenden Personen war sehr aktiv, was – wenig überraschend – auf eine erhöhte Aufmerksamkeit schließen ließ. Simultan dazu jedoch wurde die Neuronenaktivität einer Region des Scheitellappens blockiert, die man als „Orientierungsareal" kennt, weil dort im Gehirn Informationen über die räumliche Lage des Körpers und seine Abgrenzung zur Außenwelt verarbeitet werden. Fällt das Orientierungsareal aus, hat der Mensch

---

41 Ulrich Schnabel: „Helm auf zum Gebet: Die Hirnexperimente des Dr. Persinger", in: *Die Zeit*, Nr. 45, 1996.

das Gefühl, die Grenze zwischen ihm und der Welt löse sich auf, das eigene Selbst werde endlos, man sei plötzlich mit allem eins, versinke in Gott, usw.[42] Die spezifische Interpretation der Erlebnisse erfolgt bei den stimulierten Personen am Leitfaden der kulturell und religiös jeweils bereitgestellten Deutungsmuster. Wohinein sich das Selbst auflöst, wird von einem Buddhisten, der an keinen persönlichen Gott, wohl aber an eine Weltseele glaubt, anders erfahren als von der christlichen Nonne.

Als Newberg gefragt wurde, ob seine Experimente bewiesen, dass die Inhalte der Meditationserlebnisse bloß Einbildungen seien, erwiderte er, dass eine solche Folgerung unzulässig wäre: „Our research indicates that our only way of comprehending God, asking questions about God, and experiencing God is through the brain. But whether or not God exists ‚out there' is something that neuroscience cannot answer."[43] Denn man könne ja nicht ausschließen, dass die Aktivitäten im Gehirn, denen konstant bestimmte Meditationserlebnisse entsprechen, durch etwas außerhalb des Gehirns verursacht würden – etwas, was sich in diesen Inhalten auf ähnliche Weise ausdrücke wie zum Beispiel der reale physische Apfel, der über unsere Augen unser Gehirn affiziert, welches uns dann, auf dem Wege der elektrochemischen Kodierung eingehender Nervenimpulse, ein Bild des Apfels präsentiert.

Die Aussagen Newbergs erscheinen jedoch nur solange plausibel, als man sie nicht mit den Konzepten der Evolutionstheorie verknüpft. Demnach ist der Glaube an Gott, oder allgemeiner ausgedrückt: der Glaube an etwas Göttliches, samt der damit eng verbundenen Vorstellung eines Überdauerns nach dem Tod, hilfreich im Überlebenskampf. Der Glaube gibt Menschen Hoffnung, um in schwierigen, ja aussichtslos scheinenden Situationen durchzuhalten, indem sie auf den Beistand und die Gerechtigkeit einer höheren Macht vertrauen. Und diese Selbsterhaltungsfunktion ist „vom Standpunkt" der Gene aus höchst produktiv.

Argumentiert wird also, dass es sich im Laufe der Evolution für unsere Gene als vorteilhaft erwiesen hat, in unserem Gehirn ein religiöses Programm quasi als neurologische Hardware entstehen und

---

42 Vgl. Andrew Newberg, Eugene d'Aquili, Vince Rause: *Der gedachte Gott. Wie Glaube im Gehirn entsteht*, a. d. Amerik. v. Harald Stadler, München 2003. Dieses Buch nimmt insofern einen „integrativen" Standpunkt ein, als im letzten Kapitel einige – freilich allzu simple – Argumente dafür vorgebracht werden, dass die mystischen Erlebnisse auf eine göttliche Realität hindeuten könnten.
43 http://www.andrewnewberg.com/qna.asp.

laufen zu lassen, also genetisch zu verankern und auf Dauer zu stellen. Das – und nichts anderes – sagt im Grunde auch Newberg, indem er seinen eigenen Äußerungen über die Vereinbarkeit von Gottesglaube und Neurotheologie in den Rücken fällt. Auf die Frage „Why won't God go away?" antwortet er nämlich[44]: „The main reason God won't go away is because our brains won't allow God to leave. [...] Unless there is a fundamental change in how our brain works, God will be around for a very long time." Mit anderen Worten: Gott ist eine in unseren Genen verankerte und daher gehirnintern produzierte Größe, woraus folgt, dass die bei uns auftretende Überzeugung, Gott sei ein Wesen „dort draußen", primär durch nichts „dort draußen" verursacht wird. So gesehen ist diese Überzeugung eine unvermeidbare Illusion. Aber eine *unvermeidbare* Illusion ist eben noch immer eine *Illusion*.

Dasselbe Erklärungsmuster findet sich häufig im heutigen Crossover von Neurophysiologie und Soziobiologie. So heißt es, die zwingenden Evidenzen, wir hätten ein Ich oder einen freien Willen, seien genetisch festgeschriebene Illusionen, die einen unerlässlichen Beitrag zu unserer Selbsterhaltung (und damit zur Ausbreitung unserer Gene) leisteten. Man muss sich also von der Vorstellung trennen, dass die Neurotheologie theologisch neutral sei; sie ist vielmehr rückgekoppelt an die zeitgemäßen biologischen Fragen des Lebens und Überlebens.

***

Wie Gott den Genen nützt. – Persingers Magnetfeldexperimente, welche die Gehirnströme gezielt beeinflussen, oder die neuronale Deaktivierung des Scheitellappens in Newbergs Experimenten demonstrieren Möglichkeiten des Erlebens, die ursprünglich keine biologisch nützliche Funktion haben. Und erst ihr sozusagen religiöser Mehrwert, das heißt ihr Beitrag zur Herausbildung von Glaubenshaltungen, die ihrerseits einen evolutionären Nutzen haben, lässt sie soziobiologisch reüssieren. Da sie an sich den Genen des einzelnen Individuums kaum einen Überlebensvorteil verschaffen – mystisches Erleben und Sex, Meditation und Kopulation sind ja eher Gegenspieler –, bleiben diese Möglichkeiten des Erlebens zunächst deshalb erhalten, weil sie mit Gehirnaktivitäten verbunden sind, die tatsächlich einen solchen Vorteil gewähren, wie zum Beispiel das Orientierungsareal.

---

44 Loc. cit.

Es gibt aber auch noch vertracktere Fälle. Schenken wir dem Psychologen und Linguisten Paul Bloom von der Yale University Glauben, dann ist die Frage „Is God an Accident?" mit einem klaren Ja zu beantworten.⁴⁵ Bloom und seine Mitarbeiter beanspruchen, durch Aufmerksamkeitsexperimente nachweisen zu können, dass schon Säuglinge und Kleinkinder ein intuitives Verständnis für den Unterschied zwischen der physischen und der sozialen Welt erkennen lassen. Das ergibt nur dann einen guten Sinn, wenn man annimmt, dass das menschliche Gehirn Reize aus der Umgebung auf zwei unterschiedliche Weisen verarbeitet, je nachdem, welches Muster die Reize sinnlich repräsentieren. Die Welt wird demnach von vornherein in unbelebte Dinge und belebte Objekte zerlegt, wobei einem als belebt registrierten Objekt automatisch Bewusstsein und Subjektivität nach dem Muster des eigenen Selbsterlebens zugeordnet werden.

Für Bloom steht der Überlebensvorteil dieser genetisch verankerten Fähigkeit außer Frage. Doch sie führt in zwei Hinsichten auch zu Fehldeutungen, die beide religiös bedeutsam sind. Erstens: Da wir uns selbst von Anfang an nicht als unser eigener Körper erleben, sondern als Wesen, die sich ihres Körpers bedienen, beginnen wir automatisch daran zu glauben, dass belebte Dinge beseelt sind, wobei die Seele unabhängig vom Körper existieren kann. Zweitens: Unser soziales Verstehen greift leicht auf Dinge über, die gar keine soziale Dimension haben. Auf diese Weise werden lebenswichtige Naturvorgänge beseelt und mit Absichten ausgestattet, so etwa, wenn behauptet wird, dass es regnet, *damit* der Boden nicht austrocknet, und der Boden nicht austrocknet, *um* die Saat gedeihen zu lassen.

Außerdem beginnen die Menschen daran zu glauben, dass hinter der natürlichen Ordnung der Dinge ein planender Geist steckt. Unser Gehirn, sagt Bloom, zwingt uns ursprünglich dazu, Animisten und Kreationisten zu werden. Demnach ist Gott tatsächlich ein „Unfall der Evolution". Er repräsentiert das Ergebnis einer fehlerhaften Generalisierung als Folge eines genetischen Programms, das in seinem Kernbereich, der sozialen Interaktion, von großem evolutionärem Nutzen ist.

Blicken wir von hier aus noch einmal auf Newbergs Behauptung zurück: „But whether or not God exists ‚out there' is something that neuroscience cannot answer." Diese Behauptung unterspielt einen zentralen Aspekt des wissenschaftlichen Erklärens, nämlich den der

---

45 Bloom: *Is God an Accident?*, loc. cit. [s. o. Anm. 30].

angemessenen Ursache. Will uns Newberg als Hypothese vorschlagen, dass Gott irgendwo „da draußen" existiert, um immer dann, wenn wir uns in geeigneter Weise konzentrieren, höchstpersönlich unseren Scheitellappen zu deaktivieren, damit wir IHM nahe sein können? Das ergäbe zumindest oberflächlich einen Sinn, falls wir uns Gott als eine Ursache denken dürften. Aber dürfen wir das?

Im Rahmen des Ursachenkonzepts der Wissenschaft dürfen wir das zweifellos nicht. Ursachen müssen unabhängig von den Wirkungen – also in unserem Fall: unabhängig von den mystischen Meditationserlebnissen – nachweisbar sein. Das ist eine Voraussetzung, der vom Prinzip her nur das mythische Weltbild genügt, solange man sich nämlich die Götter oder Gott als höchst mächtige innerweltliche Wesen denkt. Doch das mythische Weltbild heißt so, weil es, beim Wort genommen, eben als mythisch – fabulös – erkannt wurde. Aber könnte die Wissenschaft Gott nicht immerhin als eine transzendente Ursache außerhalb von Raum und Zeit anerkennen? Nun, eine derartige „Ursache" wäre dadurch charakterisiert, dass sie sich durch keine Erfahrungsprädikate charakterisieren ließe und daher vom Standpunkt der Erfahrungswissenschaft aus so gut wie gar keine Ursache wäre. Die Annahme ihrer Nichtexistenz wäre schon aus Gründen begrifflicher Ökonomie geboten.

Newberg sucht daher selbst nach einer Erklärung, die auf die Annahme Gottes als Ursache gänzlich verzichten kann. Da Gott wissenschaftlich nicht in Frage kommt, muss es andere Faktoren geben, die das Zustandekommen der untersuchten mystischen Erlebnisse erklären. Newberg vermutet, dass es auf autosuggestivem Wege möglich sei, durch Konzentrationszustände, die eine Abschwächung der Selbstzentriertheit des Erlebens bewirken, die Neuronenaktivität im Orientierungsareal des Gehirns abzusenken. Wie das im Detail möglich ist, steht auf einem anderen Blatt. Aber Newbergs Hoffnung ist natürlich, dass wir eines Tages Genaueres wissen werden und dieses Wissen dann die Mechanismen aufhellen wird, die dazu führen, dass im Gehirn jener Teil, der die erhöhte Aufmerksamkeit des Meditierenden anzeigt, jenem anderen Teil, der für das räumliche Abgrenzungserleben zuständig ist, Deaktivierungssignale sendet. Dann freilich wird kein Platz mehr bleiben für Gott, um von „dort draußen" das menschliche Meditationserlebnis zu bewirken – so wie der Apfel „dort draußen" in unserem Gehirn ein Bild des Apfels entstehen lässt.

Es könnte also scheinen, dass – bei aller Unausgegorenheit im Detail – Neurotheologie und Soziobiologie das Werk der Religionskritik radikal zu Ende zu führen. Mein Ich, die Willensfreiheit, Gott

– das alles sind evolutionär herausselektierte, weil überlebenstechnisch wertvolle Illusionen. Dabei bietet das Wörtchen „wertvoll" wenig Trost. Denn erstens ist eine wertvolle Illusion eben immer noch eine Illusion und keine Realität; und zweitens kann das, was über Jahrtausende „wertvoll" im überlebenstechnischen Sinne war, eines Tages, aufgrund der Änderung der Lebensumstände, nicht mehr wertvoll sein.

Was die Annahme der Existenz Gottes betrifft, ließe sich argumentieren, dass bei gegebener Umwelt der Wert dieser Annahme in jedem Fall davon abhängt, *ob man an sie zu glauben imstande ist.* Das scheint trivial genug. Denn die Frage des Glaubens ist nichts, was sich einfach dadurch erledigen ließe, dass man sagt, die Bereitschaft zum Glauben sei genetisch vorprogrammiert. Angenommen, sie ist – laut wissenschaftlichem Befund – programmiert: Wenn dann jedoch der wissenschaftliche Befund zu dem Ergebnis führen sollte, dass man seinem Glauben keinen Glauben schenken darf, *verliert das genetische Glaubensprogramm seinen pragmatischen Wert.* Sind wir erst davon überzeugt, dass uns unser Gehirn Gott als eine Illusion aufzwingt, werden wir aus Gott keinen Trost, keine Ermutigung, keine Standhaftigkeit im Leiden mehr beziehen. Unser Gehirn mag glauben, was es will, sobald wir, als *wahrheitsstrebige* Wesen, nicht *autonom* an Gott glauben können, ist der Glaube nur noch ein störendes Relikt unserer genetischen Konstitution – etwa so, wie wir noch immer nicht anders können, als uns vor Spinnen zu fürchten, obwohl wir wissen, dass diese Tiere sowohl nützlich als auch für Menschen unserer Breitengrade weitgehend harmlos sind.

Der Spinnenvergleich macht uns nun aber ausdrücklich darauf aufmerksam, dass unser genetisch programmierter Hang zu religiöser Glaubensbildung bis hin zum Gottesglauben ein sehr altes Erbe der Menschheit ist. Stichworte wie „Animismus" und „Kreationismus" sind gefallen. Und nun lässt sich ganz allgemein sagen, dass die Neurotheologie, sofern sie sich um den neurologischen Aufbau und evolutionären Sinn religiöser Erlebnisse und Konzepte bemüht, im Grunde stets ein Religionsverständnis voraussetzt, *das mythologisch und nicht aufgeklärt ist.* Das scheint nur natürlich. Denn genetische Programme, die alle alten Menschheitskulturen zutiefst geprägt haben, generieren Einstellungen, die auf archaische Umwelten ausgerichtet sind.

Daraus folgt keineswegs, dass solche Einstellungen nicht auch in modernen Zusammenhängen produktiv sein könnten. So mag zum Beispiel die autosuggestive Beeinflussbarkeit des Orientierungsareals im Rahmen von Stresstherapien erfolgreich eingesetzt werden. Aber insgesamt richtet sich das neurotheologische Denken doch auf das – wie ich sagen möchte – *klassische Glaubensrepertoire,* in dem, halbwegs angepasst an die Erfordernisse der Zeit, noch immer die *mythischen Konzepte* weiterwirken: Gott als der personhafte Schöpfer, der in die Geschicke des Menschen und der Welt eingreift; die Welt selbst als ein intelligentes Design, hinter dem eine Absicht und ein Plan verborgen sind; die Erklärung der Weltübel aus der menschlichen Ursünde, die sich wie eine Blutseuche forterbt; die von Gott geschaffene Seele, die den Körper verlassen und nach dem Tode weiterexistieren kann; der Teufel und die Dämonen, die den Menschen verderben wollen, um in den Besitz seiner Seele zu gelangen.

***

Jenseits des Mythos: Gott als transzendenter „Gegenstand". – Über eines dürfte in religiösen Disputen, die ein Mindestmaß an Reflexion aufweisen, kaum ein Zweifel bestehen: Gott ist kein Gegenstand wie jeder andere. Unter „Gegenständen" verstehen wir gewöhnlich Dinge, die sich raumzeitlich eingrenzen lassen und die, direkt oder indirekt, dadurch erforscht werden können, dass wir Untersuchungen an der Realität durchführen. Gegenstände im gewöhnlichen Sinne des Wortes sind auf die eine oder andere Weise unseren Sinnen zugänglich. Natürlich sind sehr kleine Gegenstände und erst recht die Gegenstände der Mikrowelt, etwa Elementarteilchen wie Photonen oder Quarks, unseren Sinnen *nicht* unmittelbar zugänglich. Sie sind, sagen wir oft, begriffliche oder theoretische Konstrukte.

Aber man darf sich von dem Wort „Konstrukt" hier nicht in die Irre führen lassen. Denn die Gegenstände der Mikrowelt sind eben keine *bloßen* Konstrukte. Es gibt in der Welt, die wir sinnlich erfahren können, Hinweise darauf, dass sich diese Welt real aus Tatsachen zusammensetzt, die zwar nicht das Aussehen jener Tatsachen haben, die wir mit freiem Auge zu sehen vermögen; doch es sind insofern Tatsachen, als wir – als die Wissenschaftler – davon ausgehen, *dass sie unabhängig davon existieren, ob wir sie in Begriffen und Theorien erfassen oder nicht.*

Über alle konstruktivistischen Redeweisen hinweg ist *das* die Forderung des *Realismuspostulats,* ohne welches die Wissenschaft sinnlos wäre. Und die Bedingung der Unabhängigkeit der Realität von unseren Begriffen ist zugleich die Bedingung dafür, dass unsere Theorien, wenn man will: unsere begrifflichen Konstrukte, mit der Realität

„übereinstimmen" oder „nicht übereinstimmen", also wahr oder falsch sein können.

Gott indessen, soviel steht fest, ist kein Teil der Realität wie jeder andere. Wenn wir das Wort „Gott" verwenden – und ich rede von dem, was wir tun, falls wir einen aufgeklärten Standpunkt einnehmen –, dann schließen wir aus, dass sich der Gegenstand, auf den sich das Wort bezieht, irgendwo und zu irgendeiner Zeit in der Welt finden ließe. Gott ist – so könnte man mit Kant sagen – die Bedingung der Möglichkeit von Welt überhaupt. Daher ist er in Raum und Zeit nicht vorfindbar. Das sagt sich leicht, und gerade die Christen fühlen sich wenig betroffen, glauben sie doch, dass Gott in Jesus Mensch geworden ist. Doch wenn wir einmal von dieser Besonderheit des Glaubens absehen, dann finden wir uns in all die philosophischen Schwierigkeiten verstrickt, die mit dem Namen „Gott" einhergehen.

Zu Beginn des 11. Jahrhunderts hat Anselm von Canterbury davon gesprochen, dass Gott jenes Wesen sei, über das hinaus sich nichts Größeres, nichts Vollkommeneres denken lasse: *aliquid quo nihil maius cogitari potest*. Daraus hat Anselm den Schluss gezogen, dass schon aus dem Begriff oder der Idee Gottes allein folge, dass Gott existierte. Gottes Vollkommenheit schließt nach Anselm Gottes Realität logisch ein.[46]

Anselms ontologischer Gottesbeweis ist – abgesehen von der Frage, ob es sich dabei um einen *Beweis* handelt – besonders aufschlussreich, weil er Folgendes zeigt: Je weniger wir bereit sind, Gott als ein mythologisches Wesen zu denken, beispielsweise als einen mächtigen Geist, der auf einem hohen Berg oder über den Wolken thront und von da aus die Welt regiert, umso mehr scheint das, was Gott ist oder nicht ist, einzig aus bestimmten begrifflichen Merkmalen zu folgen. Das sind genau jene Merkmale, von denen wir glauben, dass sie unserer Idee von Gott notwendig zukommen müssen, um den Gegenstand dieser Idee – eben Gott – adäquat zu erfassen.

Wir können uns, einfach gesagt, nicht auf die Suche nach Gott machen, so wie wir uns auf die Suche nach einem Berg namens „Olymp" machen können. Wir können nicht Gott oder die Spuren, die er hinterließ, entdecken, um dann unsere Entdeckungen mit dem Gottesbegriff zu verknüpfen, so wie wir den Begriff „Olymp" mit der Realität des gleichnamigen Bergs verknüpfen. Stattdessen scheinen wir unsere Vorstellungen über das Wesen und die Realität Gottes in

---

46 Zu den Details vgl. Anm. 15.

entscheidenden Zügen aus dem Begriff oder der Idee Gottes selbst gewinnen zu müssen.

Mit anderen Worten: Gerade unter einer aufgeklärten, reflektierten Sichtweise vermögen wir zwischen dem Begriff und dem Gegenstand, den das Wort „Gott" bezeichnet, schlecht oder gar nicht zu unterscheiden. Dieser Gedanke, der schon an sich ziemlich merkwürdig ist, lässt sich nun aber – skeptisch gewendet – auch so verstehen, dass wir eigentlich nicht wissen, worüber wir sprechen, wenn wir von Gott reden.

Zweifellos müsste aus dem Begriff Gottes als der Bedingung der Möglichkeit von Welt folgen, dass Gott selbst unbedingt, also notwendig existiert. Aber sind das nicht nur Worte, die bloß deshalb einen Sinn und Gegenstand zu haben scheinen, weil wir sie in anderen Zusammenhängen sinnvoll auf Gegenstände beziehen? Wir reden von einem vollkommenen Kreis oder einer vollkommenen Ehe, und damit meinen wir ein Ideal, dessen reale Existenz wir gerade *nicht* voraussetzen. Wir reden von der Notwendigkeit von Ebbe und Flut, aber nicht, weil Ebbe und Flut – wie Gott – von keiner weiteren Bedingung abhängen, sondern im Gegenteil: weil wir ein Naturgesetz kennen, welches die ursächlichen („notwendigen") Bedingungen für den Wechsel von Ebbe und Flut benennt.

Auf den Punkt gebracht, lautet unser Ergebnis also: Wenn wir über Gott reden, sind wir mit einem „Gegenstand" konfrontiert – einem Gegenstand in Anführungszeichen –, dessen Realität jenseits unseres Redens ungreifbar zu bleiben scheint. Freilich, Gott als *bloße* Idee ist zuwenig. Aber hatten wir von Gott jemals *mehr* als eine bloße Idee?

Die antike Gottesidee, abstrakt und konkret zugleich, sieht in den großen Naturvorkommnissen einerseits elementare Gottheiten mit unpersönlichem Charakter: das Meer, der Wind, die Sonne, der Regen. Andererseits werden die göttlichen Gewalten personalisiert. Sie werden zu Herrschern und Herrscherinnen, die über die Elemente, die sie ihrem Wesen nach *sind,* auch herrschen. Sie *dirigieren* dann das Meer, den Wind, die Sonne, den Regen. Heute bilden diese Gestaltungen und Gestalten das großartige Inventar dessen, was wir Mythologie nennen. Und das heißt für uns unwiderruflich: Wir haben es mit kulturellen Erfindungen, mit Phantasien zu tun, deren Ursprung im menschlichen Alltag wurzelt, von wo sie in die Natur hinein- und in den Kosmos hinausprojiziert werden, um im Laufe der Zeit mehr und mehr Ausschmückungen zu erfahren.

Bewegen wir uns jedoch von der Mythologie nach dorthin, wo sich bereits der ontologische Gottesbeweis des Anselm von Canterbury platziert hat, nämlich ins Feld der Transzendenz, so entgehen wir zwar den Illusionen der Anschauung. Wir sehen dann davon ab, die Erfahrungswelt mit Fabelwesen und Hirngespinsten zu bevölkern. Aber wir zahlen dafür einen hohen Preis: den Preis des Zweifels, ob unsere Idee von Gott, sobald sie erst – so scheint es nun ja – aller Verankerung im Erfahrbaren entledigt wurde, überhaupt noch einen Sinn hat.

Dass sie einen hat und welchen, wird im Folgenden zu zeigen sein. Erst dann wird es auch möglich werden, auf Dawkins' polemische Pointe – „Die Religion als durchschaute Illusion ist eine nutzlose Illusion, warum also überhaupt Religion?" – eine Antwort zu geben.

C. DAWKINS' ANGST
(EINE ART RELIGIÖSER HALTUNG)

Wo Ferien sind, da ist auch der Ferienalbtraum. Hier mein aktueller Ferienalbtraum: In meinen Vorlesungen sitzen lauter Seniorenstudenten, die alles gelesen haben. Alles! Und natürlich *Hofstadter:* Gödel, Escher, Bach. *Das Kultbuch über die Welt als Endlosschleife. Ich habe Hofstadter nicht gelesen. Dennoch halte ich eine Ontologievorlesung. Vor mir sitzt ein Seniorenstudent und wartet auf die erste Endlosschleife.*

Wovon eine Ontologievorlesung handelt, ist leicht zu erklären: Sie handelt vom Sein. Kaum habe ich das Wort „Sein" ausgesprochen, korrigiert mich der Seniorenstudent: „Das Sein ist eine Endlosschleife", sagt er und schaut mich an. Ich habe keine Ahnung, warum das Sein eine Endlosschleife ist, aber vorsichtshalber widerspreche ich nicht. Douglas R. Hofstadter hat den Pulitzerpreis gewonnen, von seinem Buch sind mehr Exemplare verkauft worden als von der Bibel und vom Guinness-Buch der Rekorde zusammen. Ich spüre, wie mir der Schweiß ausbricht. Ich mache eine weitausholende, möglichst nichtssagende Bewegung und lege mich ins Zeug.

Zuerst beweise ich, dass die Außenwelt existiert. Dann beweise ich, dass die Außenwelt nicht existiert. Der Seniorenstudent belauert mich, schreibt jedes Wort mit, mache ich eine Pause, macht er auch eine. Nachdem ich bewiesen habe, dass die Außenwelt sowohl existiert als auch nicht existiert, sagt er: „Das ist der Gödelpunkt." Ach, denke ich, Gödel, der hat mir noch gefehlt. Gödel, Kurt, österreichischer Logiker aus Brünn. Und weiter? Gödel hat den berühmten Nichtbeweisbarkeitsbeweis geführt. Er hat bewiesen, dass – das habe ich mir eingelernt – jedes logische System S von hinreichender Komplexität zumindest einen wahren Satz enthält, der sich in S nicht beweisen lässt. Ich habe das nie verstanden. Vor allem habe ich nie verstanden, was mich das angeht.

Im zweiten Teil meiner Ontologievorlesung geht es um Gott. Ich beweise, dass Gott existiert. Dann beweise ich, dass wir nicht wissen können, was das bedeutet. Dabei lasse ich den Seniorenstudenten nicht aus den Augen. Er mich auch nicht. Kaum habe ich das zu Beweisende bewiesen, sagt er: „Das ist Schrödingers Katze." Ach, denke ich, Schrödinger, Erwin, österreichischer Physiker, Nobelpreisträger. Und dann platzt mir der Kragen:

„Was, Herr Kollege", frage ich, „was hat Schrödingers Katze, die sich in einer Kiste befindet, in der nach einer Stunde durch radioaktiven

Zerfall mit fünfzigprozentiger Wahrscheinlichkeit eine Schussvorrichtung ausgelöst wird, welche die Katze mit fünfzigprozentiger Wahrscheinlichkeit töten wird, sodass man sagen muss, dass, falls nach einer Stunde niemand in die Kiste hineinschaut, die Katze zugleich tot und nicht tot sein wird – was, bitte schön, hat dieses Gedankenspiel damit zu tun, dass Gott existiert und wir aber nicht wissen können, was das bedeutet?"

Da wendet der Seniorenstudent seinen Blick ab. In seinem Gesicht mischen sich Mitleid und Verachtung. Ich bin der falsche Lehrer, ein Verführer der Jugend und dem Alter kein Trost. Mir fehlt der Glaube daran, dass es Katzen gibt, die zugleich tot und nicht tot sind. Ich glaube nicht an die Endlosschleife. Ich weiß nicht, dass Gott tot ist.

„Mein aktueller Ferienalbtraum", aus: *Die vorletzten Dinge*, 2006

VI. Ontologische Überschüsse

Faust, Erster Teil, Marthens Garten. Goethe lässt Margarete die Gretchenfrage stellen, nachdem wir schon wissen, dass ihr armer Kopf vor lauter Liebe zu Faust ganz verrückt ist: „Nun sag: wie hast du's mit der Religion?" Er will mit ihr ins Bett, sie will vorher wissen, ob er ein Christ ist. Was tun? Faust fasst sich rasch, da hilft nur herumreden: *Wer darf ihn nennen?/ Und wer bekennen:/ Ich glaub ihn?/ Wer empfinden/ Und sich unterwinden/ Zu sagen: Ich glaub ihn nicht?*

Mit Begriffen zu fassen ist er nicht, der Allumfasser, aber wir brauchen bloß um und in uns zu schauen, hinauf in den gestirnten Himmel, hinein in unser liebendes Herz, überall webt da das Geheimnis der Allerhaltung: *Nenns Glück! Herz! Liebe! Gott!/ Ich habe keinen Namen/ Dafür! Gefühl ist alles;/ Name ist Schall und Rauch,/ Umnebelnd Himmelsglut.* Das alles, so gibt Gretchen zu bedenken, sage der Pfarrer irgendwie auch, doch sie könne sich nicht helfen, Faust habe kein Christentum.

Und sie hat intuitiv recht, also bleibt den Liebenden nur eines: nicht der gemeinsam geteilte Glaube, sondern das gemeinsam geteilte Bett. Dass dieses Bett der Anfang vom Ende des armen Gretchens ist, lässt rückblickend ein hässliches Licht auf Fausts diffuses, unverbindliches „Glück! Herz! Liebe! Gott!"-Pathos fallen. Aber der teilnehmende Beobachter wird hier von Goethe, aus Gründen der Dramatisierung, in eine Parteilichkeit manövriert. Fausts fragwürdiger Charakter scheint sich in seiner Religiosität widerzuspiegeln. Doch diese ist, vom Wortdampf einmal abgesehen, nichts weiter als die empfindsame Reaktion eines intelligenten Menschen auf die Rätselhaftigkeit der Welt.

Faust will weder sagen, dass es Gott gibt, noch, dass es ihn nicht gibt. Denn dasjenige, was mit diesem Wort – „Gott" – bezeichnet wird, das Absolute, Nichtendliche, muss auf alle Fälle dunkel bleiben. Wir wissen es nicht, können es nicht fassen, wissen aber wohl, dass wir blind sind für den Grund des Daseins der Dinge und, wenn man so sagen darf, ihres in der Existenz Gehaltenwerdens. Dass Faust die Lösung des Rätsels dann dem Herzen überlässt, dem Gefühl, na ja: er ist eben verliebt. Schaut er Gretchen in die Augen, spürt er eine Himmelsglut, und was das ist, diese Glut, darüber braucht man kein Wort zu verlieren.

Faust ist kein irreligiöser Mensch. Sein Intellekt und sein Gefühlsleben sind weder atheistisch scharfgemacht noch agnostisch verkapselt. In ihnen leben vielmehr jene Fragen, Zweifel und Lichtblicke fort, die von den Religionen dogmatisch eingefangen, mythologisch verfabuliert und ideologisch genützt werden. Sie leben fort, weil sie zu den Ursituationen des menschlichen Lebens gehören; freilich haben sie bereits hinter sich, was Kant „Aufklärung", nämlich den „Ausgang des Menschen aus seiner selbst verschuldeten Unmündigkeit" nannte. Fausts Haltung ist nicht religiös im traditionellen Sinne, doch sie ist immer noch eine *Art* religiöser Haltung. Das spürt Margarete und lässt sich herumkriegen.

***

Worauf ich aber hinaus will, ist Folgendes: Es gibt auch in der heutigen Philosophie so etwas wie die Gretchenfrage: „Nun sag, wie hast du's mit der Religion?" Nur wird die Frage hier in der Absicht gestellt, den Befragten einer geheimen oder uneingestandenen religiösen Leidenschaft zu überführen, die sich hinter scheinrational aufgeputzter Begrifflichkeit verschanzt hat. Die Gretchenfrage der Philosophie entstammt keinem bangenden Herzen, das liebt, sondern ist meistens inquisitorischer Natur. Da mir in den letzten Jahren die Frage, direkt oder indirekt, immer wieder gestellt wurde, kenne ich mittlerweile sowohl die Motive der Gegenseite (man wollte sich mit mir gewiss nicht ins Bett legen), als auch meine eigene Irritation. Warum zum Beispiel wollte man von mir wissen, ob ich an Gott glaube, nachdem ich viele Seiten damit zugebracht hatte, für die Nichtreduzierbarkeit menschlicher Personen auf die Modelle biologischer und kybernetischer Mechanismen zu argumentieren?

Diejenigen, welche die Frage stellten, taten dies keineswegs, weil sie eine sozusagen unschuldige Neugier plagte. Ihr Ziel war vielmehr die Demaskierung. An einem sich als vernünftig darstellenden Argument – hier: dem Argument betreffend die Nichtreduzierbarkeit von Personen – soll seine irrationale Triebkraft aufgedeckt werden. Demnach würde ich für die Nichtreduzierbarkeit von Personen argumentieren, weil ich beweisen möchte, dass Personen wesentlich mehr sind als intelligente Bio-Mechanismen, nämlich metaphysische Wesenheiten, die ein Ich, einen freien Willen und womöglich eine unsterbliche Substanz haben, also etwas, was man nur haben kann, wenn es einen Gott gibt. Folglich wäre ich jemand, der mit scheinvernünftigen Argumenten unter der Hand eine religiöse Position in der Philosophie verteidigen wollte, das heißt eine Position, die offen aufzudecken darauf hinausliefe, aus der *scientific community,* deren Mitglied ich als Philosoph zu sein beanspruche, ausgeschlossen zu werden.

Und wie soll nun derjenige, dem die philosophische Gretchenfrage gestellt wird, antworten? Gute Antworten, könnte man denken, wären „Ja" oder „Nein". Was mich betrifft, so ist mir freilich vollkommen unklar, wie man als Philosoph hier einfach mit „Ja" oder „Nein" antworten könnte. Mir scheint die am besten vertretbare Antwort noch immer die von Goethes Faust zu sein: „Wer darf ihn nennen? Und wer bekennen: Ich glaub ihn? Wer empfinden und sich unterwinden zu sagen: Ich glaub ihn nicht?" Das hat, prosaisch gedacht, damit zu tun, dass es ein untrügliches Zeichen entweder eines Mangels an Reflexion oder einer religiösen, aber auch antireligiösen Fixierung ist, wenn man zu wissen glaubt, worauf sich der Begriff „Gott" überhaupt bezieht – wenn man also glaubt, statt den Namen eines unendlich verschlungenen Rätsels, das Wortsymbol für ein klar definiertes, unzweideutig identifizierbares Objekt vor sich zu haben.

Dawkins überschreibt das vierte Kapitel von *The God Delusion* mit einer Frage, die wie eine eherne Feststellung klingt: „Why there almost certainly is no God". Lesen wir die dazugehörigen Argumente, dann sind wir ohne weiteres imstande nachzuvollziehen, warum es so gut wie sicher ist, dass der Dawkinssche Gott nicht existiert. Das hat allerdings damit zu tun, dass – wie bereits dargelegt – Dawkins jenes Übervaterwesen, das er in Übereinstimmung mit bestimmten religiösen Ansichten „Gott" nennt, als eine zwar *hyper*empirische, aber eben irgendwie doch *empirische* Endursache denkt, deren Komplexität mindestens so groß und deren Existenz daher mindestens ebenso unwahrscheinlich sein müsste wie die Ereignisse, deren unwahrscheinliche Komplexität sie erklären soll. Mag sein, dass es sich hier um den

Gott jener handelt, die sich „Kreationisten" nennen oder im Aufbau der Welt ein intelligentes Design zu erkennen glauben. Wie auch immer, jeder einigermaßen aufgeklärte Philosoph wird spätestens seit Kant ein für alle Mal begriffen haben, dass Dawkins' Gott dem Mythos angehört. Dieser Gott ist eine Wesenheit und Ursache, die gewiss nicht existiert.

Wird einem indessen als Philosoph die Gretchenfrage gestellt, dann steht man gar nicht gut da, falls man sie mit der Bemerkung zu parieren versucht, man wüsste schon deshalb nicht, ob Gott existiert, weil man gar nicht wüsste, was die Frage bedeutet: Zielt sie auf den Gott des Mythos oder den Gott von Descartes, Spinoza, Kant; zielt sie auf den Gott der Juden, Christen, Moslems oder den Gott aller Menschen; zielt sie begriffsanämisch auf „jenes höhere Wesen, das wir verehren" aus Heinrich Bölls Erzählung *Dr. Murkes gesammeltes Schweigen* oder überhaupt negativtheologisch auf den abwesenden Gott? Die meines Erachtens einzig vertretbare Antwort klingt im Kontext der Gretchenfrage so, als ob man nicht mit der Sprache herausrücken wollte – als ob zum Beispiel der wirkliche Grund dafür, dass man Personen für nichtreduzierbare Entitäten hält, darin läge, etwas zugunsten der Religion sagen zu wollen. Ist es nicht der Fall, dass die Nichtreduzierbarkeit von Personen ein Modell dafür liefern soll, welche Merkmale auch für Gott wesentlich sind, sobald wir über Gott ernsthaft nachdenken: die Transzendenz des Ich, die Reflexivität des Bewusstseins, das Aus-sich-selbst-heraus-agieren-Können? So gesehen ist dann die „Metaphysik der Person" ein schlagendes Indiz dafür, dass in Wahrheit eine Art religiöser Haltung vorliegt, das heißt: eine religiöse Haltung in philosophischer Ummantelung.

***

Dieses Spiel des Unterstellens, Verdächtigens, Abwehrens hat der amerikanische Philosoph Thomas Nagel in seinem Buch *The Last Word* (1997) thematisiert. Nagel ist bekennender Atheist, ja mehr noch: Atheist aus Neigung und Passion. Das letzte Kapitel seines Buches trägt die Überschrift „Evolutionstheoretischer Naturalismus und die Angst vor der Religion"[47]. Dieses Kapitel gehört zu den seltenen Glücksfällen, in denen ein Philosoph über die persönlichen Untiefen

---

47 Thomas Nagel: *Das letzte Wort,* a. d. Engl. v. Joachim Schulte, Stuttgart 1999, 186 ff.

zu sprechen versucht, die bei der Ablehnung oder Akzeptanz einer philosophischen Lehre im Spiel sein mögen. Anlässlich seiner Diskussion einiger wenig beachteter Aspekte der Philosophie des amerikanischen Pragmatisten Charles Sanders Peirce kommt Nagel auf dessen These zu sprechen, die lautet: Zwischen den tiefsten Wahrheiten der Natur und den tiefsten Schichten des menschlichen Geistes müsse eine „natürliche Sympathie" bestehen, andernfalls würde die Rede davon, dass wir erkennen könnten, wie die Realität objektiv oder an sich beschaffen sei, unverständlich bleiben. Das klingt im Zeitalter des Naturalismus nicht nur unzeitgemäß, sagt Nagel, sondern darüber hinaus beunruhigend platonisch.

So weit, so gut. Doch nun fragt sich Nagel, weshalb ihn der Platonismus von Peirce beunruhigt. Und seine Antwort lautet: „Der Grund, weshalb ich diese Anschauung beunruhigend nenne, ist der, dass schwer zu erkennen ist, mit welchem Weltbild sie in Verbindung zu bringen ist, und dass es Mühe macht, sich des Verdachts zu erwehren, das Bild werde religiöser oder quasi religiöser Art sein." Das ist natürlich kein Argument, und genau darauf will Nagel hinaus. Seine Beunruhigung, sagt Nagel, entspringe keiner innerphilosophischen Motivation, sondern einer Furcht oder Angst vor Religion, *fear of religion*. Damit, so Nagel, meine er keineswegs die völlig vernünftige Abneigung gegen bestimmte Religionen und ihre fragwürdigen Praktiken; nein, er spreche von etwas viel Tieferem, nämlich von „der Angst vor der Religion selbst":

„Dabei rede ich aus Erfahrung, denn ich selbst bin dieser Angst in hohem Maße ausgesetzt: Ich will, dass der Atheismus wahr ist, und es bereitet mir Unbehagen, dass einige der intelligentesten und am besten unterrichteten Menschen, die ich kenne, im religiösen Sinne gläubig sind. Es ist nicht nur so, dass ich nicht an Gott glaube und natürlich hoffe, mit meiner Ansicht recht zu behalten, sondern eigentlich geht es um meine Hoffnung, es möge keinen Gott geben! Ich will, dass es keinen Gott gibt; ich will nicht, dass das Universum so beschaffen ist."[48]

Nagel hat, wie er sagt, ein Problem mit der „kosmischen Autorität", die jeder Gottesglaube einschließt. Und obwohl er über die psychologischen Ursachen seines Problems nicht diskutieren will – und ich ihm darin von Herzen zustimme –, darf ich doch aus eigener

---

48 Nagel, loc. cit., 191.

Kenntnis hinzufügen, dass die Religionsfeinde unter meinen Freunden häufig schwer unter väterlicher Autorität zu leiden hatten. Wenn sie an Gott denken, dann denken sie an Gottvater und zugleich daran, dass für sie ihr eigener irdischer Vater schon mehr als genug war. Umso erstaunlicher, welche verallgemeinernde Konsequenz Nagel aus seinen Bemerkungen zur Angst vor der Religion zieht:

„Vermutlich kommen Auseinandersetzungen mit diesem Problem der kosmischen Autorität gar nicht so selten vor und sind für einen großen Teil des Szientismus und Reduktionismus unserer Zeit verantwortlich. Eine der dadurch geförderten Tendenzen ist der groteske, übermäßige Gebrauch der biologischen Evolutionstheorie zur Erklärung aller Seiten des Lebens, einschließlich aller Seiten des menschlichen Geistes."[49]

Nagel attestiert der Situation, die in der Philosophie infolge einer Angst vor der Religion entsteht, etwas Lächerliches. Denn diese Angst führt dazu, dass man mit allen Mitteln versucht, alle philosophischen Ansichten auszuschalten, die im Verdacht stehen, eine Art religiöser Haltung zu befördern oder sogar zu repräsentieren. Heute gehören die Versuche, das menschliche Bewusstsein als etwas vorzuführen, was nicht zu den Grundmerkmalen der Welt zählt, sondern im Laufe der Evolution komplexer Moleküle zufällig vom sich entwickelnden Gehirn hervorgebracht wird, schon zum fixen Argumentationsbestand von philosophischen Doktrinen, die sich selbst gerne als „wissenschaftlich" bezeichnen. Wissenschaftlicher wird das Unternehmen „Naturalisierung des Geistes" dadurch freilich nicht.

***

Werfen wir exemplarisch einen Blick auf einen differenzierten Vertreter der Naturalisierungslobby des Geistes. In seinem Buch *Mind* (2004) vertritt John R. Searle die Ansicht, dass unser Bewusstsein auf „Gehirnprozessen höherer Ordnung" beruhe. Die Beziehung von Bewusstsein zu Gehirnprozessen sei wie die Beziehung „der Flüssigkeit eines Gewässers zum Molekularverhalten der H_2O-Moleküle oder der Explosion im Autozylinder zu der Oxydation der einzelnen Kohlenwasserstoffmoleküle".[50] Angenommen, mich plagen Kopf-

---

49 Nagel, loc. cit., 191 f.
50 John R. Searle: *Geist. Eine Einführung*, a. d. Amerikanischen v. Sibylle Salewski, Frankfurt a. M. 2006, 221.

schmerzen. Dann gehe ich davon aus, dass sich in meinem Gehirn irgendetwas tut, wogegen ich ein Schmerzmittel nehmen könnte. „Allerdings", belehrt mich nun Searle, „gibt es in Ihrem Schädel keine zwei verschiedenen Bereiche, einen ‚physischen' und einen ‚mentalen'. Vielmehr laufen in Ihrem Gehirn nur Prozesse ab, und einige davon sind bewusste Erlebnisse."[51]

Searle beteuert, dass seine Position, die er „biologischen Naturalismus" nennt, das Bewusstsein *nicht* mit dem Gehirn identifiziere. Er, Searle, sei also kein „ontologischer Reduktionist". Zugleich bezeichnet er sich jedoch als „kausalen Reduktionisten". Das ist im Verständnis Searles jemand, der lehrt, dass die Prozesse des Bewusstseins durch das Gehirn verursacht und dabei aber in ihrer Substanz nichts über Gehirnprozesse Hinausgehendes sind: keine eigene ontologische Sphäre. Es scheint also, als ob Searle die Quadratur des Geistes lösen wollte, indem er zeigt, wie Bewusstsein *dadurch* reduziert werden kann, dass es als Funktion des Gehirns dargestellt wird, auf das es sich angeblich *nicht* reduzieren lässt. Der aufmerksame Leser merkt hier die Absicht und ist verstimmt. Denn es handelt sich um eine Begriffsdreherei – „ontologisch" versus „kausal" –, die in der Sache nichts erhellt, wohl aber geeignet scheint, Searle von jedem Verdacht zu befreien, eine Art religiöser Haltung zu protegieren, die in der notorischen Nichtreduzierbarkeit des Bewusstseins wurzeln könnte.

Kein Wunder, dass wir von Searle nicht an den Abgrund des Bewusstseinsproblems herangeführt werden: Wie ist es zu begreifen, dass aus der bewusstlosen Evolution komplexer Moleküle ein Organ entsteht, unser Gehirn, und dass dieses Organ dann seinerseits ein Bewusstsein „erzeugt", mit dessen Hilfe es sich und seine Beziehung zur Welt erforscht, bloß, um schließlich zu erkennen, dass nichts so ist, wie es scheint? Ist etwa unser Gehirn, indem es sich durch den „Spiegel" unseres Bewusstseins hindurch betrachtet, auch nur eine Art von Schein, eine illusionäre Vorspiegelung seiner selbst? Das sind irritierende Fragen, die nun aber nicht aus einem Weltbild heraus gestellt werden, das ein religiöses oder quasi religiöses Bild der Welt einschließt. Im Gegenteil: Das sind Fragen, die infolge des Umstandes auftreten, dass die Biologie heute *alle* Aspekte des Lebens erklären will, insbesondere auch jene, die um die Fähigkeit des menschlichen Geistes kreisen, objektiv wahre Einsichten in die Welt zu gewinnen, das heißt, die Wirklichkeit so zu erkennen, wie sie an sich beschaffen ist. Hier eben setzte Charles Sanders Peirce auf die „natürliche Sym-

---

51 Searle, loc. cit., 139.

pathie" zwischen Geist und Welt, und setzte damit auf unser intuitives Verständnis einer Metapher, die quer zur biologischen Überlebensterminologie steht.

***

Was nun den Anspruch „objektiv wahrer Einsichten in die Welt" betrifft, so hat er den Begriff der „objektiven Wahrheit" zur Voraussetzung, der allen bekennenden Naturalisten, Reduktionisten und Verächtern der Religion gleichermaßen suspekt ist: Er riecht förmlich nach Metaphysik, denn auch er scheint eine mysteriöse Harmonie oder „Übereinstimmung" zwischen Bewusstsein und Welt zu fordern, andernfalls das Subjekt in sich verkapselt bliebe und das, was es von der Welt erfahren könnte, irreduzierbar subjektiv wäre.

Die Forderung nach objektiver Wahrheit steht tatsächlich in einer eigentümlichen Spannung zur Evolutionstheorie, sofern diese sich für den menschlichen Geist auf einer fundamentalen Ebene zuständig erklärt. Denn damit beansprucht sie, als allgemeine Theorie des Lebens, zugleich die Basistheorie der Entstehung und Struktur unserer Erkenntnis zu sein. Sie tut das, indem sie zu beweisen sucht, dass alle Bewusstseinsdaten vom Gehirn produziert werden, und zwar primär mit der Funktion, das Überleben der Gene jenes Lebewesens, um dessen Gehirn es sich handelt, zu optimieren. Es gibt demnach keine Erkenntnis der Realität *an sich,* alle Erkenntnis ist vielmehr gehirndeterminiert und in diesem Sinne *subjektiv.* Dabei muss die Evolutionstheorie jedoch notwendig jene Daten, die ihr zufolge gehirndeterminiert und subjektiv sind, wahrheitsorientiert benutzen, um Aussagen über die *nicht* gehirndeterminierte, *nicht* subjektive Realität der Gene und des Gehirns zu machen. Das ist der typische Fall einer Theorie, die sich selbst in den Rücken fällt; sie ist, um mit Derek Parfit zu sprechen, *self-defeating:* Sind die Annahmen der Evolutionstheorie über die menschliche Erkenntnis objektiv wahr, dann ist bewiesen, dass nichts, was der Mensch erkennt, jemals objektiv wahr sein kann, also auch nicht die Annahmen der Evolutionstheorie.

Was folgt aus all dem? Grob gesagt, dass wir gut daran tun, uns im Bereich der philosophischen Erkenntnis nicht auf den biologischen Naturalismus fixieren zu lassen. Dieser Ratschlag sollte schon deshalb plausibel klingen, weil er für die Erkenntnisproblematik *allgemein* gilt. Um das eben Gesagte noch einmal zu variieren: Dass der Evolutionstheoretiker die Überzeugung hegt, die Religion sei eine nützliche Illusion, setzt notwendig voraus, dass er seine Überzeugung nicht ihrerseits bloß für eine nützliche Illusion hält. Sonst wäre sie vom

Standpunkt der Erkenntnis aus wertlos und wir brauchten uns gar nicht mehr um sie zu kümmern.

Der Biologe erhebt – wie jeder Mensch, ob Wissenschaftler oder nicht – einen seine Aussagen betreffenden Wahrheitsanspruch. Und das Wesen dieses Anspruches besteht nun aber darin, dass das Konzept der Wahrheit nicht auf dasjenige evolutionärer Nützlichkeit reduziert werden kann. Ob die moderne Evolutionstheorie wahr ist oder nicht, ist völlig unabhängig davon, ob sie irgendeinen evolutionären Nutzen hat, das heißt, die Verbreitung der Gene derer, welche die Theorie für wahr halten, begünstigt. Tatsächlich mag es der Fall sein, dass jene, die von der Evolution nichts wissen, wohl aber an Gott glauben, auch die meisten Kinder bekommen – und tatsächlich ist es bis heute so, fasst man die weltweite Situation ins Auge.

Daraus lernen wir, dass in der Evolution des Menschen etwas Überraschendes passiert: Es werden geistige Konzepte herausselektiert, deren Bedeutung wir adäquat nur erfassen, wenn wir sie nicht ihrerseits wieder in Begriffen evolutionärer Nützlichkeit analysieren. Die Evolution des Geistes führt also zu Konzepten, deren Bedeutung – wie ich sagen möchte – *trans-evolutionär* ist. Die Wahrheit repräsentiert ein solches Konzept. Das Wahrheitsstreben im Ursprung, als instinktgelockerte Erkundungstätigkeit der höheren Säuger, wird zweifellos aus Gründen des daraus resultierenden Überlebensvorteils biologisch auf Dauer gestellt. Doch das dem *Homo sapiens sapiens* bewusst gewordene, allgemeine Konzept der Wahrheit löst sich aus den evolutionären Bezügen. Gut möglich, dass die Erkenntnispessimisten aller Zeiten Recht behalten und das verallgemeinerte Wahrheitsstreben des Menschen langfristig eine Ursache seines Untergangs sein wird. Wir wissen es nicht, und es ist für die Frage, ob der Glaube an Gott oder den Darwinismus oder sonst eine unserer Überzeugungen wahr ist, vollkommen belanglos.

Dasselbe, was für die Wahrheit gilt – die vielgeschmähte „absolute" oder objektive Wahrheit –, gilt nun aber, mutatis mutandis, exemplarisch auch für die Moral. Fest steht: Eine Welt, in der das genetische Programm unserer Gene zugleich unser soziales Verhalten bestimmen würde, wäre ein Albtraum. Kein Zweifel, unsere moralischen Gefühle und Tendenzen gegenüber konkreten Anderen in unserem Lebensraum, ob uns nahestehend oder fremd, sind im Kern angeboren. Aber um von hier zu einer allgemein annehmbaren menschlichen Ethik zu gelangen, müssen wir die evolutionäre Fixierung *transzendieren*. Unsere Hilfsprogramme für – sagen wir – die darbenden Länder der Dritten Welt sind bloß das augenfällige Beispiel einer Pflicht, durch wir uns gebunden glauben, obwohl sie vom Standpunkt der Soziobiologie aus nicht unsere eigenen Gene, sondern diejenigen von Menschen begünstigt, die wir gar nicht kennen und die vielleicht irgendwann als unsere Gen-Rivalen in Erscheinung treten werden.

Darüber hinaus ist unsere gesamte Moral der Menschenrechte, des Sozialstaates und der Nächstenliebe nur in trans-evolutionären Begriffen zu rechtfertigen. Die für uns ethisch grundlegende Vorstellung, wonach alle Menschen prinzipiell – oder anders gesagt: absolut – gleich sind, ergibt evolutionstheoretisch gesehen keinen Sinn. Denn die Kategorie der evolutionären Nützlichkeit steht hier, wo es um wechselseitige Achtung und Sympathie als gesamthumanitäre Postulate, also auch um unsere Einstellung zu völlig Fremden und örtlich weit Entfernten geht, nicht mehr zur Debatte. Es mag stimmen, dass – ebenso wie der Glaube an Gott – unsere Menschheitsmoral „an evolutionary accident" ist, ein vom Standpunkt des egoistischen Gens aus nutzloses oder sogar schädliches „by-product" der Evolution. Aber selbst wenn diese These zutreffen sollte, löst sie das Problem der moralischen Geltung nicht, im Gegenteil. Denn jeder Versuch, unsere Menschheitsmoral auf die „Strategie" unserer Gene zu stützen, endet stets bei einer Form des Sozialdarwinismus, der den Gleichheitsgrundsatz und damit ebenjene Moral vom Ansatz her negiert.

Zur Evolution des menschlichen Geistes gehört es also letzten Endes, sozusagen auf höchstem Niveau, trans-evolutionäre Konzepte zu erfassen, zu durchdringen und zu rationalisieren. Deshalb sind alle Behauptungen, wonach die Religion ein Unfall der Evolution sei, das Nebenprodukt an sich nützlicher Gehirnprogramme, einerseits möglicherweise wahr, doch andererseits kein Grund, à la Dawkins Atheist zu werden. Denn in den Begriffen des Mythos stecken Gehalte, über deren Wahrheit neurotheologisch nichts mehr ausgemacht werden kann. Der Mythos präsentiert uns Gott als eine Art Superman und Hyperperson. Wie anders sollte man sich im mythischen Weltbild auch die Macht der Mächte vorstellen, die in der Lage ist, die Welt zu erschaffen und in Gang zu halten? Freilich, aus dem Umstand, dass wir uns in einer nachmythischen, aufgeklärten Einstellung Gott *so* nicht mehr vorstellen können, folgt keineswegs, dass jede religiöse Haltung regressiv sein müsste. Man denke nur an die Metaphysik des abendländischen Rationalismus.

Gewiss, wenn Metaphysik das ist, was dort anfängt, wo unsere Erfahrung aufhört, dann trifft sie zu Recht der Vorwurf, dem Scheingehalt und der sachlichen Leerheit zu huldigen. Worauf ich demgegenüber hinweisen möchte, ist der Umstand, dass unsere Erfahrungen immer schon *ontologische Überschüsse* in sich bergen, die in der einen oder anderen Weise das „Absolute" betreffen, also eine Schlüsselkategorie der religiösen Denkwelt, ohne dass deswegen irgendein spezifisch religiöses Weltbild, eine religiöse Lehre oder Praxis vorausgesetzt wäre.

***

Natürlich steht der Begriff des Absoluten unter dem schweren Verdacht, totalitär zu sein. Es heißt, der tolerante Mensch denkt pluralistisch, sieht in allen Erscheinungen des Lebens das Bedingte und ist sich dessen bewusst, dass es keine Wahrheit gibt, sondern nur Wahrheiten. Projiziert auf die Sphäre des Religiösen resultiert daraus eine Haltung, die nicht monotheistisch, sondern „polytheistisch" optiert. Der eine Gott ist ein Tyrann, die vielen Götter sind ein Kollegium. Mir kommt das alles wie Gerede vor, noch dazu möglicherweise dummes Gerede. Dass es viele Wahrheiten gibt, mag nämlich bloß bedeuten, dass man sich vorerst, mangels besseren Wissens, mit den Vorurteilen, den Mythen und Ammenmärchen der Zeit begnügen muss.

Für den Philosophen sollte entscheidend sein, dass im Wahrheitsbegriff des Alltags eine radikale, im Endlichen uneinlösbare Utopie verankert ist. Es ist die Utopie der absoluten Wahrheit, die wir Menschen nicht kennen, nach der wir aber streben. Denn die Wahrheit ist ein Basiswert unserer Existenz, ihr vollständiger Besitz indessen, falls irgendeinem Wesen, dann – falls existent – Gott allein vorbehalten. Dabei ist das Konzept der absoluten Wahrheit, nach der wir streben, ohne sie je zu besitzen, das Korrelat zur objektiven Realität, die wir nicht kennen, nach deren Erkenntnis wir aber verlangen, schon seit unserer ersten Ahnung, dass es „eine Welt da draußen" gibt. Nach diesem Draußen forschen die Wissenschaften, indem sie sich bemühen, von den natürlichen Begrenzungen unserer menschlichen Subjektivität zu abstrahieren. Kann sein, dass dabei unter den Formeln, deren Bezug zur Anschauung mit fortschreitender Abstraktion immer indirekter und dünner wird, uns schließlich die Realität ebenfalls abhanden zu kommen droht.

Dennoch wäre es fatal, wenn der Mensch als Erkenntniswesen nicht mehr hoch hinaus wollte, nicht mehr – um mit Nietzsche zu sprechen – den „Pfeil seiner Sehnsucht" fliegen ließe. Für einen Hochfliegenden wie Platon gab es keinen Zweifel, dass die eine Wahrheit, die objektive Realität und das Göttliche eins sind. Nun, der Mut Platons fehlt mir, und das liegt an meiner Schwäche, doch wohl nicht an meiner *persönlichen* Schwäche allein, sondern daran, dass ich ein Kind meiner Zeit bin. Aber so weit reicht es immerhin noch, dass ich als Philosoph den ontologischen – oder, horribile dictu, metaphysischen – Überschuss in meinen Erfahrungen bemerke und, Angst vor der Religion hin oder her, seine regulative Funktion nicht leugne.

Dabei bleibe ich mir meiner *Eingebundenheit* in die Struktur meines endlichen Gehirns durchaus bewusst. Das sollte mich freilich nicht dazu bringen, mich mit meinem Gehirn zu *identifizieren*. Ich bin nicht mein Gehirn. Solange ich befähigt bin, eine Person zu sein, bin ich etwas über mein Gehirn hinaus, nämlich ein *transzendenzstrebiges Wesen*, das jenseits all seiner Beschränkungen, jenseits seiner gesamten Endlichkeit immer schon am Unbedingten, an *der* Wirklichkeit und *der* Wahrheit, orientiert ist. Das ist so, selbst wenn ich mich nach nichts weiter erkundige als danach, ob heute die Sonne scheint oder der Regen fällt. Es muss ja nicht gleich eine Erkundigung nach dem sein, was die Welt im Innersten zusammenhält, nach den Superstrings oder dem Sein des Seienden, auch wenn eine solche Erkundigung auf Dauer unvermeidlich ist, weil sie zum Wesen des Menschen – seiner Suche nach dem Absoluten, seiner Transzendenzstrebigkeit – dazugehört.

Doch ist das alles nicht vielleicht belanglos, Wahrheit, Realität, lauter Konzepte ohne tiefere Bedeutung, durchdrungen von jener grandiosen Sinnlosigkeit, die bereits Pascal ängstigte, als er vom stummen Weltall sprach, in dem „der Mensch ohne Einsicht sich selbst überlassen ist wie ein Verirrter"? (*Pensées*, § 693) Zugegeben, Pascals Bild lässt sich nicht von der Hand weisen. Die Wissenschaft ist wertfrei, nur Materie, Felder, Energien – lauter Fakten, die entweder auf Naturgesetze verweisen, welche einfach *da* sind, „einsichtslos", oder aus dem Zufall hervorgehen, der gerade ein Inbild dessen ist, wovor Pascal schauderte. Doch die Selbstgenügsamkeit der Wissenschaft, die zugleich ihre Stärke bei der Erklärung sogenannter „natürlicher Tatsachen" ist, verdankt sich gleichsam einem großen blinden Fleck im Sehfeld des Wissenschaftlers. Weder weiß die Kosmologie, die vom Urknall redet wie unsereiner vom Knallfrosch, etwas über die Entstehung des Bewusstseins, noch wissen Physik und Chemie etwas darüber, wie mit dem Bewusstsein Ichhaftigkeit und Freiheit, Bedeutungen und Werte in die Welt kommen und mit den Werten endlich die Realität des Guten und – warum nicht? – auch die des Schönen.

Ich denke daher, dass die Philosophie, will sie ihre Probleme nicht verleugnen oder verstümmeln, diese gar nicht anders entfalten kann als mit Hilfe von Begriffen, die *religiös sensibel* sind. Kehren wir also zum Anfang, zur Gretchenfrage, zurück. Sie stellt – sagte ich – bestimmte Thesen, etwa die von der Nichtreduzierbarkeit des Bewusstseins oder der Objektivität der Werte, unter Verdacht, eine Art religiöser Haltung zu befördern und damit indirekt ein religiöses Weltbild zu protegieren. Mein Vorschlag geht nun dahin, dem Verdacht nicht auszuweichen, ja, wenn es sein muss, ihn provokativ zu bestätigen: *Philosophieren heißt, eine Art religiöser Haltung einzunehmen.* Das gilt insofern, als eine Philosophie, die sich ganz dem Reduktionismus oder Naturalismus ergibt, bis zum Selbstwiderspruch ignorant bleiben muss. Denn die ontologischen Überschüsse im Erfassen der Welt und die ihnen entsprechenden trans-evolutionären Konzepte sind nichts, was von außen an den Alltag der Menschen herangetragen würde. Diese Überschüsse sind da; sie sind ein wesentlicher, unabdingbarer Teil unseres Lebens, das aus seiner Höhle heraus will und den „Weg nach draußen" sucht. Man kann den Weg pflegen oder ihn verwildern lassen. Begrifflich negieren oder theoretisch zupflastern kann man ihn dauerhaft nicht, solange die Welt unsere Welt ist und, wichtiger noch, werden soll.

VII. Der Gott, der Dawkins schuf

Dass die Realität, auf deren Erkenntnis wir abzielen, indem wir Behauptungen darüber formulieren, was in der Welt der Fall ist, einen Bereich bildet, der in seinem Sein und Sosein unabhängig davon existiert, ob er von uns erkannt wird oder nicht – diese Annahme nenne ich das „Überschussaxiom". Denn sie ist für unser Verständnis dafür, was „real" oder „wirklich" bedeutet, unabdingbar und grundlegend. Gegen das Axiom stehen jedoch eine Reihe von antirealistischen Argumenten.

Ein oft wiederholtes Argument besagt, dass wir als Beobachter im Mikrobereich mit dem, was wir beobachten, „verschränkt" sind. So kann in der Quantenmechanik die Eigenschaft eines Systems davon abhängig sein, ob wir das System beobachten oder nicht. Erst durch die Beobachtung wird entschieden, welchen von mehreren Eigenzuständen das System annimmt, die vor der Beobachtung bloß in einer „statistischen Überlagerung" existierten. Das Verschränkungsargument fügt nun aber, recht verstanden, unserer Idee von Realität nur eine überraschende Facette hinzu. Denn das Argument behauptet die *Objektivität* der Verschränkung von Beobachter und Beobachtetem, das heißt einer Verschränkung, die unabhängig davon der Fall ist, ob sie von uns erkannt wird oder nicht.

Ein zweites Argument besagt, dass alle Realitätserkenntnis abhängig ist von der Sprache, die wir sprechen, und damit zugleich von dem Begriffsrahmen, den wir verwenden, um das, was real ist, zu beschreiben. Es wird damit zugleich behauptet, dass unser Realitätsbegriff stets und notwendig begriffsrahmenabhängig sei. Das ist eine Behauptung in der Tradition Kants, nur eben sprachanalytisch gewendet und mit dem relativistischen Vorbehalt, dass die Menschen im Laufe der Zeit und über die verschiedenen Kulturen hinweg sehr unterschiedliche Begriffsrahmen *(conceptual frameworks)* zur Beschreibung dessen, was real ist, verwenden. Hilary Putnam hat dementsprechend von einem „internen", nämlich begriffsrahmeninternen Gebrauch des Wortes „Realität" gesprochen und den Standpunkt verteidigt, der „interne Realismus" sei die einzig vertretbare realistische Position.[52] Dagegen ist zu sagen, dass jeder Begriffsrahmen sich überhaupt nur dann als ein Rahmenwerk von *Begriffen* auffassen lässt, wenn und solange davon ausgegangen wird, dass Behauptungen innerhalb des Rahmenswerks deshalb *wahr* sind, weil sie etwas Reales korrekt darstellen, wobei die Korrektheit der Darstellung davon abhängt, dass das dargestellte Reale unabhängig davon, wie es dargestellt wird, so ist, wie es ist. Die darstellenden Begriffe des Rahmenwerks müssen sich also, um überhaupt etwas zu *bedeuten,* auf ein Dargestelltes *beziehen,* dessen Eigenschaften, ob konkret oder abstrakt, nicht ihrerseits von den auf sie angewandten Begriffen *abhängen.* Sonst würden die Begriffe nicht darstellen (sich auf etwas beziehen, „referieren"), sondern das, was sie angeblich darstellen, tatsächlich erst erzeugen, „konstituieren" – und daher keine Begriffe, sondern eher Ursachen der Entstehung von etwas Realem sein.[53]

Das dritte Argument schließlich, auf das ich hinweisen möchte, ist das älteste und bekannteste. Es besagt ursprünglich, dass zwischen uns und der Welt stets unsere Sinne stehen; modern und neurolo-

---

[52] Vgl. z.B. Hilary Putnam: *Vernunft, Wahrheit und Geschichte,* Frankfurt 1990, 77 f. Putnam entwickelte seine Position bereits in den 1970er Jahren und hat sie später wieder aufgegeben zugunsten einer am Commonsense orientierten Auffassung, die der hier vertretenen nahekommt.

[53] Zu einer detaillierten Darstellung des Rahmenwerkarguments und seiner Grenzen siehe mein Buch *Der Weg nach draußen. Skeptisches, metaphysisches und religiöses Denken,* Frankfurt a. M. 2000, § 10, „Ontologischer Relativismus", 110 ff.

gisch gesprochen: zwischen uns und der Welt steht der elektrochemische „Code" unseres Gehirns, in den die von außen einlangenden sensorischen Impulse umgewandelt, „übersetzt" werden. Dieses Argument – wir hörten es schon: all unser Wissen über die Realität ist gehirndeterminiert – richtet sich gegen den externen Realitätsbegriff, der die Objektivität des Realen in dessen Unabhängigkeit von seiner Repräsentationsform in einem Gehirn festmacht.

Und ebendieses dritte Argument ist auch das bedeutsamste; ihm ist am schwierigsten zu begegnen. Dennoch: Wer gegen den externen Realitätsbegriff einwendet, dass ein solcher Begriff sinnlos sei, der hat nicht verstanden, was wir mit jeder einfachen Tatsachenbehauptung wie etwa „Heute regnet es" oder „Zucker löst sich in Wasser auf" zum Ausdruck bringen wollen. Die Wissenschaft nimmt solche Behauptungen zum Anlass, um sie im Rahmen einer abstrakten Theorie zu explizieren. Aber auch die Wissenschaft kann ihre Begriffe inhaltlich nicht von der Struktur unserer Erfahrungen und letzten Endes unseres Gehirns ablösen. Nichtsdestoweniger erhebt sie, mit jedem neuen theoretischen Anlauf, mit jeder neuen Drehung der Abstraktion, einen Anspruch auf *Realitätsannäherung*. Sie strebt danach, den ontologischen Horizont der Realität einzuholen, weil nämlich er es ist, der jeder ihrer Behauptungen von Anfang an eingeschrieben ist und zugrunde liegt.

Die Wissenschaft will die Welt so erkennen, wie sie wirklich ist, das heißt, unabhängig von der Art und Weise, wie wir sie erfassen. Dieser Anspruch bringt den ontologischen/metaphysischen/semantischen Überschuss unserer Erfahrungen zum Ausdruck, der erst das Feld oder Konzept konstituiert, das wir „Wirklichkeit" oder „objektive Realität" nennen. Dabei handelt es sich um jenen Überschuss, dem wir uns im Bereich der theoretischen Erkenntnis als Grenzwert unseres Wahrheitsstrebens und im Bereich der praktischen Erkenntnis als Grenzwert unseres Vervollkommnungsstrebens anzunähern versuchen. Das Metaphysische in unseren Erfahrungen ist eben dieses ihnen immanent Grenzwertartige, im praktischen Bereich auch Utopische (das „gute Leben", metaphysisch gedacht: die „Erlösung vom Übel"[54]).

Was hat das alles mit Religion zu tun? Es war bisher davon die Rede, dass das Überschussaxiom unseren Alltagserfahrungen zugrunde liegt. Es bestimmt daher die Annäherungsdynamik der Wissenschaft

---

54 Ich habe mich zu diesem „Überschuss" in meiner *Theorie der Erlösung* [s. Anm. 26] ausführlich geäußert.

an das Reale ebenso mit wie – obgleich das weniger offensichtlich ist – die Suche nach Werten, die objektiv gut sind (gut unabhängig davon, ob sie irgendjemand von uns gerade als gut erkennt). Wie kommen von hier aus religiöse Fragestellungen ins Spiel?

Nun, ich will meine Antwort in eine Formel packen: *Das Überschussaxiom definiert das primäre religiöse Feld.* Denn das Überschussaxiom lässt unsere Erfahrungen nur die sein, die sie sind, indem es sie auf etwas zugleich Wirkliches *und* Absolutes bezieht, dessen Existenz in keiner wie immer gearteten Weise von uns abhängt. Das sagt auch etwas über unsere eigene Existenz als Wesen aus, die ein Teil der Wirklichkeit sind: *In einer bestimmten ursprünglichen Weise hängt nichts von uns ab.* Wohl ist unsere Freiheit ein in unserem Wesen angelegtes ursprüngliches Phänomen, doch nicht wir es sind es, die darüber entscheiden, ob wir zur Freiheit begabt sind oder nicht. In diesem Sinne ist unsere Freiheit ein Teil der Wirklichkeit, die so ist, wie sie ist, ohne dass wir darüber zu entscheiden hätten.[55]

Wir leben also in unserer Welt der Bedingtheiten, der Endlichkeiten und Kontingenzen nur, weil diese Welt durch den Absolutcharakter der Realität, deren Teil wir selber sind, *im Sein gehalten wird.* Das Im-Sein-gehalten-Werden ist ein Bild, aber wir haben nichts anderes als Bilder, sobald wir über das Absolute zu reden beginnen, das nichtsdestoweniger den ontologischen Überschuss all unserer Bewusstseinsinhalte, die sich auf tatsächlich oder möglicherweise Reales richten, definiert. Von hier aus stellen sich die Fragen, die typisch sind für das, was ich eine Art religiöser Haltung nenne, weil es sich bei all diesen Fragen um kernreligiöse Erkundigungen über die Welt und unser Sein, unser Da- und Sosein, in der Welt handelt. Es ist nichts Außeralltägliches im Spiel, außeralltäglich ist nur, was im Laufe der Zeit an Antworten ersonnen, zusammenfabuliert und herausrationalisiert wird.

Und die Zeit der Antworten auf das Absolute in der Welt des Bedingten beginnt mit dem Animismus, dem Rumoren des Mythos und der daraus hervorbrechenden Fabulierlust. Einer der fundamentalen Irrtümer der Religionskritik besteht demnach darin, dass das religiöse Feld (a) primär etwas Außeralltägliches, Übernatürliches meint und (b) nur aufgrund bestimmter Funktionen, die der Glaube an Übernatürliches mit sich bringt und erfüllt, das kollektive Bewusstsein

---

55 Dazu habe ich mich in meinem Buch *Dunkle Gnade* [s. Anm. 32], 81 ff, ausführlicher geäußert, und zwar unter dem leitenden Gedanken, dass wir zwar eine Freiheit, aber keine Freiheit zur Freiheit haben.

durchdringt, dort expandiert und weiterwirkt. Das ist Dawkins' These, die den Glauben zu Ende kommen sieht, sobald dessen genetisch bedingte Illusionshaltigkeit durchschaut wird. Demgegenüber ist das religiöse Feld im Ursprung als eines charakterisiert, das sich aus dem Versuch ergibt, auf den Überschuss an Absolutem in unseren Erfahrungen mit der Welt und mit uns selbst verständig zu reagieren.

Im Ursprung also hat der religiöse Impuls kein „Wozu". Er gehört einfach zum Menschsein, insofern Menschsein bedeutet, auf die Fragen, mit welchen die Welt den Menschen „überschüssig" konfrontiert, verständig zu reagieren. Diese Reaktion mag mythisch ummantelt sein, sie ist aber in ihrer Eigenlogik nicht an den Mythos gebunden. Das religiöse Feld verschwindet mit dem Mythos nicht. Es ist da, weil die Realität da ist, oder anders gesagt – wenn man mir den kleinen Kalauer in einer Streitschrift gegen Dawkins gestattet –: Das Absolute ist absolut alltäglich.

Da wir das religionsphilosophische Feld hier nicht breitflächig betreten können, sei immerhin an *einem* Aspekt das Wesen religiöser Fragestellungen in einer nachmythischen Perspektive skizziert. Unser Realitätsbegriff fordert, dass es einen „Grund" der Welt gibt, der sowohl unabhängig von uns existiert, als auch eine Art von Ursache ist, die nicht ihrerseits, wie jede „natürliche" Tatsache, nach einem Grund ihres Existierens verlangt. Das ist – wie ich es nennen möchte – das *Problem des guten Grundes*. In einer nachmythischen Perspektive erkennen wir zwar, dass dieses Problem kein empirisches ist, nichts also, was sich mit Hilfe der Wissenschaft lösen ließe. Aber wir erkennen auch, dass es sich dabei keineswegs bloß um ein Scheinproblem handelt, wie uns die Naturalisten weismachen wollen, die behaupten, jede Frage nach dem „Grund des Grundes" über den Urknall hinaus sei sinnlos. Darauf lässt sich antworten: Warum sinnlos? Nicht nur verstehen wir die Frage, weil der Urknall unmöglich von der Art jener Ereignisse ist, die „aus sich selbst heraus" entstehen. Wir können die Frage als intellektuelle Wesen auch gar nicht vermeiden: Der Urknall ist gewiss kein guter Anfang in dem Sinne, dass sein Auftreten das Problem seines Auftretens („Warum hat es geknallt?") mit zu lösen imstande wäre.

Wir hingegen, als die freiheitsbegabten Wesen, die wir sind, haben ein Konzept des guten Anfangs, weil wir uns selbst als aktive Wesen erleben, die häufig „aus sich selbst heraus" handeln. Damit meinen wir, dass wir selbst es sind, die etwas in Bewegung setzen, und zwar derart, dass die richtige Antwort auf die Frage, wieso etwas in Bewegung gesetzt wurde, nicht lautet, weil in meinem Gehirn diese oder jene neuronalen Vorgänge stattfanden, *sondern weil ich selbst es war, der etwas in Bewegung setzte*.

Dabei wird nicht geleugnet, dass ich nur dann etwas in Bewegung setzen kann, wenn in meinem Gehirn diese oder jene neuronalen Vorgänge stattfinden. Wir haben aber ein nicht weiter reduzierbares Konzept davon, dass wir, als autonom Handelnde, in der Lage sind, Ereignisse herbeizuführen, ohne dabei selbst *bloß* Wirkungen tiefer liegender Ursachen zu sein. Wenn der Neurophysiologe *das* bestreitet – was er nicht selten tut –, dann zerstört er die Realität unseres Personseins und macht aus uns Maschinen, die sich zwanghaft einbilden, in der Welt aus eigenem Antrieb, aufgrund des „freien Willens", etwas herbeiführen zu können.[56]

Da unsere Sicht des Personseins für uns fundamental ist, begrenzt sie – im Sinne des Überschussaxioms – auf eine metaphysische Weise den Geltungsbereich neurophysiologischer Erklärungen. Wir sind nicht unser Gehirn, nicht unser Körper, nicht unsere Gene; wir sind Personen, die, falls sie autonom handeln, als eine Art Erstursache in Erscheinung treten.

Und nun ist offensichtlich, dass dieses Modell des guten Grundes (oder Anfangs) auch eine religionsphilosophische Anwendung hat. Die Welt bedarf eines guten Grundes, und das einzige Modell, das wir haben, um einen solchen Grund zu markieren, ist eben das Modell personaler Verursachung.[57] Zugleich wissen wir aber in einer nachmythischen Perspektive, dass wir den guten Grund der Welt nicht einfach als Person denken dürfen. Denn erstens gehört für uns

---

56 Im Moment konzentriert sich die Freiheitsdebatte um jene gehirnneurologischen Befunde, die zu besagen scheinen, dass sich unser Gehirn „immer schon entschieden hat", *bevor* wir subjektiv den zwingenden Eindruck haben, uns selbst zu entscheiden. Hier gilt jedoch in Wahrheit Thomas Nagels Prinzip des letzten Worts: Hätte mein Gehirn das letzte Wort, dann brauchte ich nur noch dazusitzen und darauf zu warten, wofür sich mein Gehirn entscheidet; sitze ich aber bloß da und warte, passiert nichts; mein Gehirn schweigt. Erst wenn ich mich selbst für etwas entscheide, passiert etwas, nämlich – falls mir keine Hindernisse in den Weg gelegt werden – das, wofür ich mich entschieden habe und wozu in meinem Gehirn ein Bereitschaftspotential bereits aufgetreten war, bevor mir meine Entscheidung bewusst wurde. Die zeitliche Relation zwischen neurologischen und erlebten Tatsachen im Entscheidungsvorgang ist eine Sache; die Frage, welche Tatsache zu jener Instanz gehört, die das „letzte Wort" beim Entscheiden hat – ich oder mein Gehirn –, eine andere.

57 Zum Modell der personalen Verursachung vgl. Roderick M. Chisholm: „Die menschliche Freiheit und das Selbst", in: *Seminar: Freies Handeln und Determinismus*, hg. v. Ulrich Pothast, Frankfurt a. M. 1978, 71–87.

zum Personsein der Körper mit dazu, und zweitens würde Gott, falls wir ihn einfach als Person denken wollten, durch die Übel der Welt korrumpiert; es würde aus ihm ein albtraumhafter, ein böser oder zumindest dummer Gott werden. Drittens schließlich widerspricht die Annahme eines von der Welt getrennten Gottes, wie es das Personmodell nahelegt, einer ontologischen Bedingung, die Spinoza am klarsten zum Ausdruck brachte: Auch wenn Gott als Grund der Welt gedacht wird, so *ist* er doch zugleich die Welt, andernfalls er etwas außer sich hätte, das ihm, seinem absoluten Sein, substantiell gegenüberstünde.

Die Probleme, in die wir hier eintreten – das sind die Probleme rund um religiöse Metaphern –, führen zu vielerlei Schwierigkeiten und auch zur Einsicht in die metaphysische Blockade, die uns Menschen daran hindert, ein widerspruchsloses Konzept der Schöpfung und ihres Grundes zu entwickeln. Doch das heißt nicht, dass die Fragen, die wir hier stellen, sinnlos oder die Folge von Illusionen wären. Nein, diese Fragen ergeben sich notwendig aus den transevolutionären Konzepten unseres Bewusstseins und den ontologischen Überschüssen in unseren Erfahrungen. Diese Fragen sind sowohl spekulativ als auch unvermeidlich.

Worum es also geht, ist zu zeigen, dass im Mythos bereits der Kern jenes Gottesbegriffes angelegt ist, dem wir uns als Menschen im Umgang mit den Rätseln der Welt anzunähern versuchen. Aus einer nachmythischen Perspektive wissen wir, dass wir als die, die wir sind, nicht einfach den Tod unseres Gehirns überleben. Aber wir wissen ebenfalls, dass das Bewusstsein etwas ist, das nicht aus den physikalisch gedachten Grundbausteinen der Welt auf irgendeiner Stufe herausspringen kann wie ein *Jack in the box*. Auf irgendeine geheimnisvolle Weise sind Bewusstsein und Materie von Anfang an Aspekte *eines* Grundvorganges, der die Welt *ist*. Das gibt uns, den gehirndeterminierten Wesen, immerhin einen Hinweis in die richtige Richtung: Warum nämlich nicht nur Atome, sondern auch Werte in der Welt existieren, und warum, wenn wir das eine wie das andere zu erkennen vermeinen, wir nicht bloß einer Illusion anhängen.

Bewusstsein ist der Welt immanent. Im Bewusstsein, so formulierten es die Idealisten, kommt die Welt zu sich selbst. Und ein Teil dieses Zu-sich-selbst-Kommens bedeutet wesentlich mehr als bloß die Erkenntnis der physischen und biologischen Realität, einschließlich des Gehirns. Es bedeutet darüber hinaus die Erkenntnis all des Guten, das wir um seiner selbst willen anstreben – anstreben vor dem Sehnsuchtshorizont des guten Lebens, dessen prinzipielle Unerreichbarkeit hierorts seit jeher durch den Grenzbegriff der „Erlösung" markiert wurde.

Ich denke also, dass es – salopp formuliert – eine Evolution Gottes gibt, die aber, im Gegensatz zu dem, was die Neurotheologie suggeriert, aus zwei ineinander gefalteten Schichten besteht. Die erste Schicht ist die archaisch-mythische, die sich aus einer Fülle evolutionär nützlicher Erlebnis- und Überzeugungsbereitschaften zusammensetzt und schließlich, vor dem Hintergrund einer wissenschaftlichen Analyse, als illusionär in Erscheinung tritt. Die mythisch geprägten Religionsbestände schließen jedoch ihrerseits intuitive Erkenntniskerne ein. Deren reflektierte Entfaltung führt zu einer aufgeklärten Religiosität, die dann um Inhalte und Themen kreist, welche sich gegenüber der evolutionären Fixierung transzendent verhalten.

Deshalb ist es keineswegs ein Ausdruck zurückgebliebener Geistigkeit, wenn man heute, in einer Zeit, die zwischen nachmetaphysisch und neomythologisch schwankt, für eine Beschäftigung mit dem Gottesbegriff und seinen Ableitungen plädiert. Denn nur so werden die metaphysischen Überschüsse in unseren Erfahrungen nicht bloß abgedrängt und wegerklärt, sondern ihr unverzichtbarer Beitrag zum Verstehen der Welt – besonders aber der *Struktur* des Rätsels, das die Welt *ist* – gebührend ernst genommen.

Dabei bleibt vorerst offen, ob sich aus dem primären religiösen Feld automatisch etwas von dem ergibt, was man gemeinhin „Trost der Religion" oder „religiöse Hoffnung" nennt. Ich möchte hier nur auf der Existenz dieses Feldes („Überschussaxiom") und darauf bestehen, dass es uns zwanglos eine Idee des guten Grundes nahelegt, deren Ausgestaltung im Sinne des Theismus freilich schon mythologische Züge trägt (wir können uns Gott nicht widerspruchsfrei als Person denken, obwohl unser Begriff des Göttlichen einen personalistischen Zug erfordert). Denn von hier aus wird auch offenkundig, dass Dawkins' Atheismus nicht einfach auf einer Leugnung des primären religiösen Feldes basiert.

Dieser Atheismus ist eine viel komplexere Formation. Er naturalisiert das religiöse Feld, um – so meine These – das wissenschaftlich „bereinigte" Primärfeld der religiösen Haltung im Gegenzug mit kryptoreligiösen Metaphern auszustaffieren. Diese haben nolens volens die Funktion, das durch die „wertfreie" Betrachtung aller Welt- und Lebenszusammenhänge entstehende Verständnisdefizit quasi mythologisch abzufedern. Derart entsteht schließlich etwas, was Dawkins als lachhaften Kinderschreck zurückweisen würde, obwohl er – wie ich zeigen will – selbst die Geister rief, die er dann nicht mehr loswird. Es kommt zur Wildwucherung einer ganzen Biodämonologie, in der parasitologische Themen eine wichtige Rolle spielen. Dazu einige Bemerkungen:

***

The Selfish Gene war ein genialer Titel. Dawkins sagt zwar, dass in diesem Titel die Betonung auf dem Wort *gene* liegt, doch die Leser haben das Wörtchen *selfish* als die eigentliche Botschaft registriert. Dass die Gene „eigensüchtig" sind, machte den Thrill der Botschaft aus, obwohl Dawkins angeblich bloß darauf hinweisen wollte, dass der Träger des biologischen Egoismus nicht das Individuum oder die Art sei, sondern eben das Gen. Die *Selfishness* stand sozusagen außer Debatte. Was indessen das Buch von Dawkins für so viele Leser so anziehend, unterhaltsam und zugleich erschreckend machte, war dieses unentwegte Spiel mit zwei komplementären Begriffskomplexen, die beide emotional griffig sind.

Der eine Komplex von Begriffen, der „streng wissenschaftliche", sieht das Naturgeschehen als eine Abfolge von Vorgängen, hinter denen sozusagen nichts steckt: keine Absicht, kein Wille, kein Designer; nichts Göttliches. Alles steht unter der Herrschaft von Kausalität, Naturgesetz und Zufall; auch das menschliche Leben bis in die letzte chemische Faser. Je tiefer der menschliche Geist in dieses innerlich tote Universum eindringt – und schon der Begriff „tot" ist gegenüber der Totheit, um die es hier geht, eine Metapher aus der menschlichen Not des Verstehens gegenüber der ungeheuerlichen Zumutung –, umso quälender legt sich ihm die Gewissheit nahe, dass er zwar aus diesem Universum hervorgewachsen ist, aber ihm trotzdem vollkommen wesensfremd bleibt. Steven Weinberg, der Kosmologe, hat den Befund in die lakonische Formel gepackt: „The more the universe seems comprehensible, the more it also seems pointless", eine Formel, die Michael Crichton seinem reißerischen genetischen Thriller *Next* (2006) als Motto vorangestellt hat.

Wie konnten wir uns aus dieser uns abgrundtief fremden, nichtssagenden, toten Welt herauswinden? Und was haben wir, die in ihr Verlorenen, in ihr verloren? Das sind die Fragen, die im Ansatz schon Pascal bewegten, aber uns sozusagen tief in den Knochen sitzen. Sie gehen uns ans Mark, ans Mark unseres Lebens, das vor solchen Fragen sein Gefühl für sich selbst zu verlieren droht. Hier setzt nun der Mehrfachdiskurs des Egoistischen Gens ein, wie es uns in Dawkins' *Selfish Gene* (1976) entgegentritt und in Stanislaw Lems *Golem XIV*

(1981) weitergedacht wird.[58] In Lems Roman lernen wir die Situation vom Standpunkt einer Maschine aus kennen, die sich die Fremdheit des Menschen gegenüber der toten Primärwelt erst aneignen muss, um dann freilich schaudernd zu verstehen und – zu verschwinden. Das ist ein gewaltiges Bild. Eine seiner Botschaften könnte sein, dass der Mensch, der im Sinne Weinbergs zu begreifen beginnt, dass das Universum begreifbar ist, sich umdrehen und weggehen, sich aus der Welt entfernen möchte. Denn in der Welt ist die Heimat des Menschen nicht, und zum Begreifen seiner Weltheimatlosigkeit gehört für den Menschen dazu, dass er zugleich begreift, dass es keine andere Heimat gibt. Man muss verschwinden, um sich aus der toten Fremde, der absoluten, metaphysischen Fremdheit zu erretten.

Was der Mensch, der verschwinden möchte, *verstanden hat,* ist die Lehre des Egoistischen Gens: Die Gene, deren Entstehen selbst ein Mysterium ist, haben sich irgendwann mittels der uns bekannten Mechanismen der ziellosen Evolution auszubreiten begonnen. Die Optimierungsdrift ihrer blinden Ausbreitungstendenz hat immer komplexere Organismen erzeugt, Körper, Sensitivität in den Körpern, Gehirne, und schließlich jene Gehirne, die nun in unserer Schädelhöhle sitzen, aus der heraus wir mit unseren Augen die Dunkelheit der Welt erhellen: *Wär nicht das Auge sonnenhaft ...* Ach, Goethe, hier geht es um ganz Anderes! Hier geht es darum, dass die Ausbreitungsoptimierungsdrift der Myriaden von Genpools schließlich dazu führt, dass wir als Überlebensmaschinen *unserer* Gene im toten Universum auf den Plan treten. Gäbe es in der Totheit dieses Universums Ziel und Plan, dann dürften wir tapfer sagen: „Wir leben und sterben für die Ausbreitung unserer Gene." Und nicht selten spricht Dawkins so, freilich nicht ohne uns zwischendurch dahingehend zu ermahnen, dass so zu sprechen nichts weiter heißt, als sich in Metaphern auszudrücken, zum Zwecke „leichterer Verständlichkeit".

Als ob das, was hier mit uns geschieht, dadurch leichter verständlich würde, dass es mit uns in keinem bedeutungsvollen Sinne etwas zu tun hat! Wörtlich genommen, dürfen wir ja nicht einmal denken, dass wir von der Grundform des Lebens, dem Genom, in Dienst genommen werden, so wie wir uns Schutzhüllen bauen, um in lebensfeindlichen Umwelten – sagen wir am Grund des Meeres oder am Mond – existieren zu können. Wir dürfen nicht denken, dass das Gen unser Gott ist, um den sich das ganze Leben dreht wie um das

---

58 Den Hinweis auf Lems Roman, der im Deutschen *Also sprach Golem* heißt, verdanke ich Raimar Zons.

Goldene Kalb und dem wir bis in die feinsten Stimmungen unseres Geistes hinein zu Diensten sind. Das Gen hat kein Bewusstsein, kein Empfinden; es ist als lebendiger Organismus auch nur ein chemischer Mechanismus und Prozess, dessen Fortentwicklung von etwas abhängt, was eigentlich gar kein Sein hat: vom Zufall, genannt „Mutation", welche die tote Analogie des Schicksals ist, das im Mythos die Bahn der Sterblichen grundlos, mit herrschaftlich undurchdringbarer Gnade und Willkür festlegt.

Unser menschliches Auffassungsvermögen reicht zwar, um gelten zu lassen, was die wissenschaftliche Begrifflichkeit *ausschließt* – das „teleologische Weltbild" in jedweder Form –, es ist jedoch zugleich unfähig, das nicht-teleologische Weltbild nicht als eine Art von Botschaft zu entziffern. Das ist ein tiefliegendes Paradox. Ja, wir wissen – denken wir bei uns –, dass das eigensüchtige Gen nicht wirklich eigensüchtig ist, und dabei fallen wir, indem wir den Fallstrick der teleologischen Metapher vermeiden, in die Grube einer anderen, noch weitaus bedrohlicheren Metaphorik: der Metaphorik der Ausdruckslosigkeit, der absoluten Bedeutungsleere, die am Grunde allen Seins herrscht. *Das alles hat uns nichts zu sagen,* „it seems pointless".

Das meint „tote Natur" in Wahrheit, und deshalb fühlen wir ein unabschüttelbares Grauen, sobald wir begreifen, dass unser Leben, unsere Lebendigkeit, wissenschaftlich betrachtet nichts weiter als eine Phase in der Evolution der toten Natur – der ursprünglichen Ausdruckslosigkeit allen Seins – ist. Dass wir unter der wissenschaftlichen Optik nicht umhin können, uns selbst im Wesen als ausdrucksleer und damit *existentiell tot* zu entschlüsseln: das ist der Punkt des Grauens, der umso bedrängender wirkt, weil er zwar metaphorisch sein sollte, aber sich gleichsam subkutan als etwas aufdrängt, was uns buchstäblich betrifft.

Und deshalb, um dieses Grauen abzuwehren, beginnt sich eine zweite Ebene der Begrifflichkeit über die erste, die „wissenschaftliche", zu schieben. Das ist die Ebene des eigensüchtigen Gens, buchstäblich verstanden und missverstanden, ein existentielles Phantasma. Wir beginnen, uns besetzt zu fühlen, wir werden besessen und manipuliert von Wesen und Kräften, die uns gar nicht kennen – wie könnten unsere Gene wissen, wer wir sind, was wir fühlen, wonach uns verlangt? –, aber schlau genug sind (und im Grunde viel schlauer, als es sich unser Gehirn auszutüfteln vermöchte), um uns für uns fremde Zwecke zu benützen. Das Gen will nichts weiter als sich selbst in möglichst großer Vervielfältigung, doch dass es sich dabei bisweilen verändert, ist weder ihm selbst noch uns zuzurechnen.

Da ist neben den Zelldämonen, die uns als Überlebensmaschinen um sich herum gebaut haben, etwas in der Dunkelheit wirksam, etwas Unaufschlüsselbares, wir nennen es Zufall. Es führt dazu, dass die Dämonen, die unterm Mikroskop als Doppelhelix sichtbar werden, *metamorphosieren,* zu etwas anderem werden, das meistens nirgendwohin führt als in den Tod. Aber manches Mal führt die Metamorphose, die sich wissenschaftlich „Mutation" nennt, eine Stufe nach oben. Oben, das ist letztendlich die Richtung, in der unser Gehirn liegt, das eines Tages zu begreifen imstande sein wird, dass wir die Diener unserer Gene sind, so wie die Gene Schöpfungen des Zufalls sind. *Der Gott, der Dawkins schuf, ist der Gott, den Dawkins schuf: der Nolens-Volens-Gott des Egoistischen Gens.* Er verbirgt sich stumm, antlitzlos; er steckt im Zufall. Denn was wir von diesem Gott wissen, ist nur, dass er für uns keine Gestalt, keine Ordnung, ja nicht einmal ein Sein hat. Er ist weniger als das mythologische Schicksal und hat dennoch, wie jenes, seine Agenten, welche die Welt beherrschen. Dawkins hat ihnen einen Sammelnamen gegeben, hinter dem sie alle wie Eines wirken: *The Selfish Gene.*

Ja, der Plan, der im Zufall stecken mag, ist uns unbekannt; so unbekannt, dass wir nur sagen können, da ist kein Plan, bloß Zufall. Doch das ist auch Angstgerede, denn wir verstehen nicht, was wir sagen, wenn wir so reden, nämlich „wissenschaftlich". *Ex nihilo nihil fit,* lehrt die klassische Metaphysik und bringt damit eine Grenze unseres Verstehens zum Ausdruck. Zufall meint immer, dass da etwas ist, das aus nichts entsteht, aber aus nichts kann nicht etwas entstehen, weil da eben nichts ist, woraus etwas entstehen könnte. Das ist so simpel wie irritierend. Deshalb erfinden die Philosophen das Nichts. In seiner Großschreibung steckt der Zwangsgedanke, es sei eine Art Sein. Immer noch besser, ein derart absolut nichtseiendes Sein, ein Negativgott, zu sein als nur der blinde Begriffsabgrund – „Zufall" –, in dem gar nichts mehr steckt, nicht einmal der Abgrund, aus dem etwas auftauchen könnte, was immer schon da war, nur bisher unbemerkt.

Die Metaphernwelt des Egoistischen Gens gehört in den Bereich der Bio-Dämonologie, vergleichbar der Computer-Cyborg-Dämonologie in den *Matrix*-Filmen der Brüder Andy und Larry Wachowsky, die ihrerseits bei Stanislaw Lems *Golem XIV* und Jean Baudrillards Simulakren-Philosophie tüchtig Anleihen genommen haben. Der Erfolg des ersten Films der Serie (1999) hatte nicht nur mit der raffinierten Machweise zu tun, sondern mit der Raffinesse des Schreckens und seinem religiösen Kontext. Der Schrecken bestand darin, dass das Publikum mit der Vorstellung konfrontiert wurde, unsere Alltagswelt sei eine durchgängige Illusion, die von Computern in unserem Gehirn erzeugt wird – mittels der sagenhaften „Matrix", klar erkennbar als bös weltschaffendes, demiurgisches Prinzip –, um uns sozusagen in produktiver Laune, auf Gehirntrab zu halten. In Wirklichkeit jedoch sind wir Energielieferanten für die Computer, die die Welt regieren, das heißt aber im Grunde nur: sich selbst am Laufen halten wollen – und niemand weiß warum, es läuft eben, wie es läuft –, was für den Kinobesucher eine gruslige Metapher *für die ins Reich der Künstlichen Intelligenz fortgeschrittene Evolution* ist.

Die Computer „melken" uns, indem sie uns in einer Nährflüssigkeit „halten" (wovon wir nichts wissen) und dabei den Traum von der Welt träumen lassen. Hilfe kann es, wenn überhaupt, nur geben von einer Menschengruppe, die es geschafft hat, sich außerhalb der Computermatrix zu bewegen (ein ziemlich absurdes Außerhalb, das im Laufe der drei *Matrix*-Filme immer absurder, auch lächerlicher wird). Diese Gruppe besteht aus Personen, die eindeutig dem Fundus der Erlösungsmythen angehören, Namen wir Morpheus, Neo oder gar Trinity stehen für die Menschheitserrettung, übermenschliche Kräfte sind im Spiel, auch die Auferstehung vom Tod durch den Kuss der Liebe ist nichts Unmögliches.

Was der Dawkinsschen Welt des Eigensüchtigen Gens fehlt, ist die Erlösungsperspektive. Unser Schicksal ist es ein für allemal, unseren Genen zu dienen und darüber hinaus einem Gen-Analogon, das Dawkins *meme* nennt (im Englischen reimt sich das entfernt auf *gene*). Die Meme sind Parasiten, die unser Gehirn als Wirt benützen, um sich über möglichst viele Gehirne hindurch auszubreiten und so den eigenen Bestand zu sichern. Der Trick der Meme, welcher sie der Dämonologie der Künstlichen Intelligenz („Matrix") annähert, besteht im Gegensatz zum Egoistischen Gen darin, sich von ihrer ursprünglichen „Hardware", einem bestimmten Gehirn, ablösen und in andere Gehirne einwandern zu können. Diese Parasiten kennen wir als Gedanken, Ideen, Vorstellungen.

Was uns Dawkins mit seiner Gen-Analogie klarzumachen versucht, ist, dass nicht wir die Herren über unsere Ideen sind, sondern unsere Ideen, *memes,* unsere Gehirne zu Ausbreitungszwecken benützen. Er führt damit das Besessenheitsmotiv bis in den Kern unserer Autonomie, nämlich nach dorthin, wo wir glauben, als ichhafte Bewusstseinswesen autonom zu sein. Sind wir nicht, sagt Dawkins, *Gott ist ein Meme,* eine parasitäre Informationseinheit. Er ist im Laufe der Evolution zufällig entstanden und dann, durch Bewusstwerdung, zu einem multiplen Motivationsfaktor menschlichen Verhaltens geworden. Dieser ermöglichte es, dass sich das Meme „Gott" in praktisch alle menschlichen Gehirne hinein ausbreiten konnte (abgesehen davon, dass es für die Tradierung Gottes ohnehin auch unmittelbar genetische Grundlagen gibt).

Entziffern wir Dawkins' Metaphern als Elemente einer Mythologie, dann sehen wir uns mit Menschheitsängsten konfrontiert, die zu den düstersten religiösen Ahnungen gehören. Wir sind Besetzte und Besessene, „Wirte" nicht nur im biologischen, sondern regelrecht metaphysischen Sinne des Wortes. Wir sind Opfer eines uns unverständlichen Schicksals, „Zufall" genannt, hinter dem – das scheint ein Gebot unserer um Licht ringenden Vernunft zu sein – sich etwas Absolutes, „Göttliches", verbergen muss. Aber dieser Gott ohne Gesicht und Namen ist nach allem, was wir über seine Agenten, ob Gene oder Meme, wissen, *kein Gott der Liebe*. Er hält uns, wie man Haustiere hält oder Versuchskaninchen, für einen Plan, von dem das Versuchstier nichts wissen kann.

Der Gott, der Dawkins schuf, indem er nolens volens aus Dawkinsscher Metaphorik entsprang, ist eine Ausgeburt der Paranoia: das schlimmste aller denkbaren Monster. Er ist der existentielle Albtraum, der den Naturalismus begleitet wie der Hund seinen Herrn. Man kann nur hoffen, dass aus dem Hund nicht eines Tages, aufgrund einer schwarzen Metamorphose, ein Höllenhund wird, ein wüstes, irrationales Meme-Monster. Solch ein Monster würde nicht zum ersten Mal in der Weltgeschichte aus der Angst vor der inneren Sinnlosigkeit und äußeren Qual allen menschlichen Daseins geboren werden. Heute könnte es sich leicht als neomythischer Irrationalismus in den Hirnen auszubreiten beginnen. Und nicht zum ersten Mal könnte dann das Ende darin bestehen, dass der Hund seinen Herrn, den er lange Zeit als Schatten begleitete, anfällt und mit der Tollwut des Gotteswahns – des Gottes, der tatsächlich Wahnsinn *ist* – infiziert.

Epilog: Dawkins' Mensch
(Das Blinzeln der Brights)

He can forget and be happy – a real strength. A good meal is waiting somewhere. A TV game. A beer. Clear sailing beyond the squall-line of life. It isn't so bad, when you don't think of it.

Richard Ford, „The Sportswriter"

Dass die bedingungslosen Verächter der Religion, worunter jedenfalls Atheisten vom Schlage Dawkins' zu zählen sind – sozusagen Brachialatheisten –, sich darüber keine Sorgen machen, wie eine Gesellschaft ohne Religion möglich und beschaffen sein sollte, ist klar. Denn die Antwort steht für die, die sich in den USA und anderswo seit einigen Jahren gerne „The Brights", also die „hellen Köpfe", nennen, ohnehin fest: Gegeben die üblichen rechtsstaatlichen Sicherheiten einer westlichen Demokratie und ein Mindestmaß an ökonomischem Wohlstand für alle, könnte eine religionslose Gesellschaft, die frei ist vom Glauben an Übernatürliches, nur eine bessere Gesellschaft sein.

Was man den Brights gewiss nicht vorhalten darf, sind die Lehren bisher realisierter atheistischer Gesellschaften, von Stalins Reich des Gulag über Maos kulturrevolutionären Terror bis zum Steinzeitkommunismus des heutigen Nordkorea. Atheismus und Diktatur sind nicht wesensverwandt. *Das* zumindest lehrt uns jeder Atheist, der in der Wolle demokratisch gefärbt ist, wozu die hier besprochenen Autoren, ob Dawkins, Dupré, Searle, Bloom oder Nagel, samt und sonders gehören. Sie alle scheinen ein lebendiger Beweis dafür zu sein, dass die beste Antwort auf die Frage „Warum überhaupt Religion?" lauten *könnte*, ohne dass uns etwas Wesentliches verloren ginge: „Ja, warum überhaupt?!" Würde im Wettbewerbsernstfall nicht die *durchgehend säkularisierte* Demokratie liberalen Zuschnitt mit dem Weltbild des Naturalismus als die beste aller möglichen Massengesellschaften strahlend aus der Reihe ihrer historisch und systematisch auszumachenden Alternativen hervortreten?

Für viele Menschen, und zwar auch solche, die gar nicht gläubig sind, geschweige denn eine Religion praktizieren, ist indessen die Vorstellung einer Gesellschaft ohne Religion trostlos. In einer solchen

Gesellschaft würde die ganze Kultur einem tiefgreifenden Wandel unterliegen – einem Wandel zumal, den wir uns nur schwer vor Augen zu führen vermögen. Denn zweifellos sind in den uns vertrauten Gesellschaften viele der wertvollsten Artefakte und Institutionen ohne religiösen Hintergrund, ohne religiöse Rahmung und Färbung gar nicht denkbar. Das betrifft – gehen wir der Einfachheit halber von christlich geprägten Gesellschaften aus, die ohnehin weitgehend säkularisiert sind – jedenfalls die kirchlichen Kulturdenkmäler im engeren Sinn, beispielsweise Kirchen, Klöster, Friedhöfe, sakrale Bildwerke und Kompositionen. Es betrifft aber ebenso große Teile der weltlichen Kunst und einen Stil des Miteinander-Umgehens, dessen religiöse Grundierung oft erst merkbar wird, wenn sie plötzlich nicht mehr vorhanden ist.

Wer schon einmal als Trauergast beim Begräbnis eines Menschen war, der sich für seinen letzten Weg jede Einmischung der Religion verboten hatte, womöglich bis hin zur Auswahl der Musik, der kennt das peinsame Vor-sich-Hinschauen der Trauergemeinde, das Von-einem-Fuß-auf-den-anderen-Treten ohne formendes Ritual. Und wenn der liebe Verstorbene auch noch einen schlechten Kunstgeschmack hatte, dann müssen sich zum Abschied womöglich alle einen scheußlichen Schlager anhören, aus dem der Kitsch trieft. Da ist es dem einigermaßen kultivierten Leichengänger doch lieber, ein Pfarrer, dessen Ansichten er nicht teilt, liest aus einem heiligen Buch vor, dessen Inhalt ihm ansonsten gleichgültig ist, und praktiziert im Übrigen ein abergläubisches Ritual, das er äußerlich korrekt mitvollziehen kann, umrahmt und durchsetzt von einer Musik und einem Gesang, die laienhaft praktiziert sein mögen, aber dem Anlass wohltuend angemessen sind – eben traditionelle Begräbnis- und Trauermusik.

Nun muss man fairerweise sagen, dass dieses Beispiel zwar einerseits wohl exemplarisch, doch andererseits auch manipulativ ist. Denn in einer christlichen Gesellschaft, die gerade zum Tod seit vielen Jahrhunderten ein tief religiöses Verständnis unterhält, wird man sich nicht erwarten dürfen, dass es außerhalb des christlichen Kontexts authentisch wirkende Formen des „Zur-letzten-Ruhe-Bettens" gibt. Die Ablehnung dieses Kontexts, der sowohl die kollektive Formensprache als auch die individuelle Gefühlswelt prägt, erzeugt zunächst Befangenheit und ein ungelenkes Andersmachenwollen. Besser als die bewährte Tradition wird man es von heute auf morgen gewiss nicht machen können! Aber was folgt daraus? Folgt daraus etwa, dass wir beim überkommenen religiösen Ritualbestand bleiben sollen oder müssen, falls wir würdig bestattet werden wollen?

Schon die Frage zeigt, dass es so nicht geht. Denn es gibt einen Unterschied zwischen dem lebendigen Ritual, hinter dem ein Glaube steht (mag er auch unausgesprochen und ansonsten stillgelegt sein), und dem toten Ritualismus derer, die das, was sie tun, entweder aus reiner Konventionalität praktizieren, oder weil ihnen eben nichts Besseres einfällt. Wenn wir annehmen wollen, dass wir uns in einer durchgehend säkularisierten Gesellschaft mit naturalistischem Weltbild befinden – einer Brights-Gesellschaft –, dann könnten die religiösen Rituale nur mehr ritualistische Überbleibsel einer Zeit sein, die man bereits als überwunden betrachtet.

Das brauchte gewiss nicht dazu zu führen, dass man den religiösen Bauwerken und Zeremonien, den Kirchen, Messfeiern, Friedhöfen, Begräbnissitten usw., jene Anerkennung und Bewunderung verweigert, die wir historischen Denkmälern *allgemein* entgegenbringen. Aber es müsste notwendig dazu führen, dass wir aufhören würden, uns als *Teilnehmer* dieser Tradition, in unserem Fall: der christlichen, zu fühlen – etwa so, wie man sich nicht mehr als Teilnehmer der griechischen Kultur fühlt, wenn man als Sizilientourist in, sagen wir, Selinunt beeindruckt, ja betroffen zwischen den riesigen Säulen des einst herrlichen Hera-Tempels über dem Meer steht. Das ist eine ganz andere Art des Beeindruckt- und Betroffenseins als jene, die eine Christin beim Begräbnis eines lieben Menschen fühlt, weil sie an die Auferstehung der Toten glaubt.

Auf die provokativ gestellte Frage des Atheisten: „Warum überhaupt Religion?", wird sich also nicht einfach antworten lassen: „Weil uns sonst eine Form des Zusammenlebens abhanden kommt, für die wir keinen geeigneten Ersatz haben." Wahr ist: Hier und jetzt haben wir keinen geeigneten Ersatz. Aber hier und jetzt haben wir auch noch keine Bekanntschaft mit der möglichen Alternativtradition einer Brights-Gesellschaft gemacht. Einer solchen „durchgehend säkularisierten" Gesellschaft können wir uns zwar in Gedanken annähern, ohne zugleich *ihre* Weise des Fühlens, Metaphorisierens und Ritualisierens vorwegzunehmen, es sei denn in der negativen Urteilsform, wonach dort vieles, was uns heute wichtig und vertraut ist, nicht mehr weiterbestehen wird. So kommt man klarerweise nur zu einer Auflistung von Defiziten.

Der mögliche innere Alternativenreichtum des durchgehend säkularisierten Lebens, die Freuden und Schönheiten seiner „heidnischen" Transzendenzlosigkeit, bleiben uns, von unserer eingeübten christlichen Warte aus, notwendig unbekannt. Über sie zu spekulieren, scheint müßig, ihre Möglichkeit ist aber schon deshalb nicht prinzipiell bestreitbar, weil uns aus der Geschichte der Menschheit jedenfalls *eines* bekannt ist: Die menschlichen Reaktions- und Gefühlsformen bewegen sich zwar innerhalb eines angeborenen Rahmens; darüber hinaus jedoch sind sie in höchstem Maße plastisch und kulturell formbar, bis hin zu jenem Punkt, wo über längere Strecken, die schließlich genetisch Spuren hinterlassen mögen, der Rahmen selbst modifiziert wird. Wer weiß, ob nicht in Gesellschaften, in denen die umfassende Dämpfung religiöser Affekte und Deutungsmuster einen Wohllebensvorteil mit sich bringt, schließlich die Menschen auch von ihrer biologischen Natur her weniger zur Produktion der typisch altreligiösen Untugenden neigen. Man denke an das militante Gottesrittertum, die Aberglaubensbereitschaft, das fanatische Streben nach „absoluter" Wahrheit, die Jenseitssucht ...: Ließe sich ohne das Aggressivinventar des traditionellen Monotheismus nicht friedlicher leben und freundlicher miteinander umgehen?

Dies alles zugestanden, bleibt nun aber zum Schluss eine *tiefe Zweideutigkeit,* was die Frage einer konsequenten Brights-Gesellschaft betrifft. Und diese Zweideutigkeit hat mit dem zu tun, was ich eine „Art religiöser Haltung" nannte. Sollte die Säkularisierung wirklich so tief gehen, dass selbst eine derart moderate Haltung in Sachen Religion anachronistisch scheinen müsste? „Stellen Sie sich" – so argumentiert der helle Atheistenkopf – „eine Gesellschaft vor, in welcher die Menschen aufgrund profunder Aufklärung und einer entsprechenden Gefühlskultur keine religiösen Bedürfnisse mehr haben, weder nach einem Jenseits und dem ewigen Leben, noch nach der Liebe und Gerechtigkeit Gottes: Was könnte in einer solchen Gesellschaft eine religiöse Haltung *bedeuten?* Nichts!"

Das ist allerdings zugleich der Punkt, an dem mein Verstehen dessen, was „durchgehend säkularisiert" *bedeuten könnte,* seinerseits ins Wanken gerät. Denn ich habe darzulegen versucht, dass die religiöse Haltung an sich, noch vor jeder mythologischen oder konfessionellen Ausgestaltung, eine Folge der ontologischen/metaphysischen/semantischen Überschüsse in unserem primären Bezogensein auf die Welt und uns selbst ist. Würden diese Überschüsse „wegsäkularisiert", dann würde unser Welt- und Daseinsbezug notwendigerweise gleich mitvernichtet. *Das aber wäre der eine Schritt, der zuviel ist.* Die Transzendenz in ihren verschiedenen Erscheinungsweisen des Alltäglichen, die allesamt religiös sensibel sind (das Gute, Wahre, Schöne; Realität und Wahrheit; Freiheit und Schöpfung; Vollkommenheit), ist in der Struktur unserer theoretischen Weltaufhellungs- und praktischen Weltzuwendungsakte verankert. Hat man *das* erst verstanden, wie soll

man sich dann vorstellen, dass der „durchgehend säkularisierte" Mensch auf die Rätsel, Problemfiguren und Sehnsüchte, die jedes wache menschliche Leben charakterisieren, reagiert? Hier die Antwort:
„*Was ist Liebe? Was ist Schöpfung? Was ist Sehnsucht? Was ist Stern? – so fragt der letzte Mensch und blinzelt.*
Die Erde ist dann klein geworden, und auf ihr hüpft der letzte Mensch, der Alles klein macht. Sein Geschlecht ist unaustilgbar, wie der Erdfloh; der letzte Mensch lebt am längsten.
,*Wir haben das Glück erfunden'* – *sagen die letzten Menschen und blinzeln.*"
Das ist die Beschreibung aus *Zarathustras Vorrede* (Abschnitt 5), in der es auch heißt: „Ehemals war die Welt irre' – sagen die Feinsten und blinzeln."[59] Was wir hier vor uns haben, sind die Brights in Nietzsches hellsichtiger Version: als Blinzler. Von den Blinzlern weiß man nicht so genau, ob ihre Entspanntheit bloß eine outrierte Form permanenter Entspannungsdemonstration ist – sie blinzeln, warum blinzeln sie nur? –, oder ob sie, als die letzten Menschen, all das verloren haben, was frühere Zeiten den Sinn fürs Religiöse nannten und ich, vorsichtig genug, eine *Art* religiöser Haltung.

Das Blinzeln der Brights bei Nietzsche ist auf alle Fälle ein verräterisches Zeichen: als ob sie sich ständig vor dem zu hellen Licht einer Sonne schützen wollten, über die sie mit Genugtuung behaupten, dass ihnen ihre Strahlen nicht mehr gefährlich werden könnten. Sie behaupten, die Hitze des Glaubens tangiere sie nicht mehr, verbrenne sie nicht mehr, kurz: mache sie nicht mehr irre.

Doch dieses Dauergeblinzle ist am ehesten entschlüsselbar als die sich selbst unbewusste Vorspiegelung von Gelassenheit; mit anderen Worten, als eine Schutzmaßnahme gegen ebenjenen Sinn fürs Religiöse, der Nietzsches Geschlecht der letzten Menschen in ihrem kleinen Glück, an dem sie sich selbst ununterbrochen wärmen (was sollten sie denn sonst tun, etwa den „Pfeil der Sehnsucht" wieder fliegen lassen?), angeblich ganz fremd geworden ist.

Nietzsches letzter Mensch ist Dawkins' Mensch, ein Bright, freilich nicht ganz: Denn er blinzelt. Aber würde er aufhören zu blinzeln, so hätte er aufgehört, überhaupt noch Mensch zu sein – und erst dann aber wäre er „durchgehend säkularisiert".

---

59 Nietzsche: *Kritische Studienausgabe,* KSA 4, loc. cit. [s. Anm. 17], 19 f.

BIBLIOGRAPHISCHE NOTIZ

Im Vorangehenden wurde eine Reihe von Texten mit verwendet, die ich bereits in verstreuter Form publizierte. Im Einzelnen handelt es sich um folgende Quellen: „Platz für Kant!", in: *Die Presse, „Spectrum",* 10. Januar 2004, I-II. „Gene, Götter, Geister" (Rezension v. John Dupré: *Die Bedeutung der Evolution für die Gegenwart,* Frankfurt a. M. 2005), in: *Die Presse, „Spectrum",* 16. Juli 2005, VI. „Die Zukunft Gottes" (Teil I: „Die Restauration Gottes"; Teil II: „Die Evolution Gottes"), in: *Gott im Kommen,* Salzburger Hochschulwochen 2006, hg. v. Gregor Maria Hoff, Innsbruck 2006, 28-71. „Mehr als 0 und 1?" (Rezension v. John R. Searle: *Geist. Eine Einführung,* Frankfurt a. M 2006), in: *Die Presse, „Spectrum",* 18. November 2006, IX. „Gegen Gott mobil machen" (Rezension v. Richard Dawkins: *Der Gotteswahn,* Berlin 2007), in: *Die Presse, „Spectrum",* 8. September 2007, VII. – Die Prosaminiaturen „Genie und Wahnsinn", „Die Matrix und das Gestell" sowie „Mein aktueller Ferienalbtraum" stammen aus meinem Buch *Die vorletzten Dinge. Weltuntergänge aus Österreich,* Wien 2006, 39 f, 61 f, 31 f.